NICO VASCELLARI

NICO VASCELLARI

NICO VASCELLARI

PASTORALE

a cura di / edited by
Sergio Risaliti

SKIRA

Ai miei genitori e ai loro
To my parents and theirs

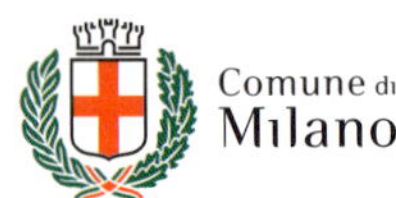

Comune di **Milano**

Sindaco / Mayor
Giuseppe Sala

Assessore alla Cultura
Deputy Mayor for Culture
Tommaso Sacchi

Direttore Cultura
Director for Culture
Domenico Piraina

Ufficio stampa
Press Office
Elena Conenna

In occasione di / On the occasion of

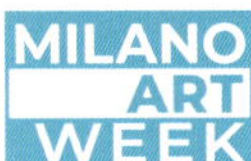

PALAZZOREALE

Direttore / Director
Domenico Piraina

Coordinamento mostra
Exhibition Coordinator
Vittoria Marsala

Responsabile Gestione Mostre ed Eventi
Head of Exhibition Management
and Events Department
Giovanni Bernardi

Responsabile Valorizzazione del Palazzo Reale
e Comunicazione
Head of Palazzo Reale Enhancement
and Communication Department
Simone Percacciolo

Conservatore / Curator
Diego Sileo

Organizzazione / Organization
Luisella Angiari
Ciro Bertini
Luisa D'Elia
Cinzia Ercoli
Bianca Girardi
Christina Schenk
Giulia Sonnante
Roberta Ziglioli

Coordinamento amministrativo
Administration Management
Eugenia Cerqua
Rosa Maria Richiedei

Amministrazione / Administration
Antonietta Massara
Laura Piermattei
Sonia Santagostino

Coordinamento Eventi
Events Coordination
Filomena Della Torre
Silvana Rezzani

Ufficio Eventi / Events Office
Silvia Segala
Roberto Solarino

Coordinamento Comunicazione
Communications Department Coordinator
Francesca La Placa

Ufficio Comunicazione
Communications Department
Ilaria Gozzi
Claudio Pagliarin
Graziella Perini

Ufficio Valorizzazione / Enhancement Office
Alessandro Gironi
Giuseppe Marazia
Gabriella Riontino

Assistenza Operativa / Operational Assistance
Franca Serretiello
Rita Trino

Direttore Area Valorizzazione del Patrimonio
e Sicurezza Sedi
Heritage Valorization and Site Security Director
Fabrizio Chirico

Responsabile Gestione e Sviluppo Servizi Museali
Head of Department Management and Development
Museums Services
Claudio Citta

Responsabile Ufficio Comando di Palazzo Reale
Head of Palazzo Reale Security Office
Sabrina Chiara Noris

Referenti di sede / Security Office
Letizia Angelini
Giulia De Falco
Marina Stefanini

Operatori museali / Museum Staff
Palazzo Reale

Servizio Civile Nazionale
National Civil Service
Sara Benedetto
Alessandro Bruni
Maria Rita Dedè
Francesca Marazzi

Stage curriculare / Internship
Chiara Melluso

Si ringrazia / Thanks to
Massimiliano Greggio

Palazzo Reale member of

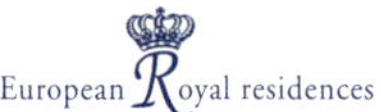

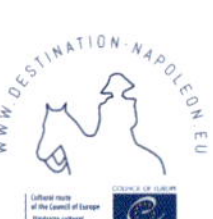

Una mostra a cura di / An exhibition curated by
Sergio Risaliti

Coordinamento scientifico e produzione / Research and Production Coordination
Maria Vittoria Di Sabatino – Studio Nico Vascellari

Produzione e progetto di allestimento / Production and Exhibition Design
Studio Nico Vascellari
Manuel Cilli
Valentina De Poi
Amerigo Girardi
Giulio Tami

Direzione tecnica e allestimento
Technical Direction and Set-Up
Mosae
Michele Maddalo
Barbara Corli
Luca Ferrari

Con la collaborazione di
In collaboration with
Chiara Bertola
Marco Omini

Coordinamento sicurezza
Safety Coordination
Alice Brugnerotto

Supporto tecnico / Technical Support
Luca Zanellati
F.O.H.

Visual Identity
Giga
Giacomo Scandolara
Gabriele Donini
Pablo Galbusera
Giulia Clara Espositi
Michele Sablone
Marco Balsamo
Matteo Garagiola
Mattia Tafel
Da un concept di / From a concept by
Nico Vascellari

Progetto Bookshop / Bookshop Design
NM3
Codalunga

Assicurazioni / Insurance
Arte Generali – Agenzia di Milano Teodorico

Ufficio stampa / Press Office
Maddalena Bonicelli – Studio Nico Vascellari
Isabel Davies – Sam Talbot

Fotografie / Photographs
Melania Dalle Grave – DSL Studio

Bookshop
Skira

Una mostra di / An exhibition by

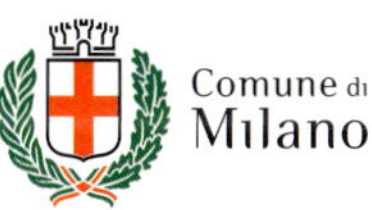

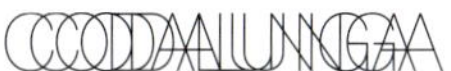

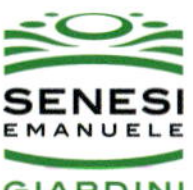

Sponsor

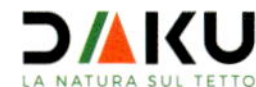

Partner tecnici / Technical Partners

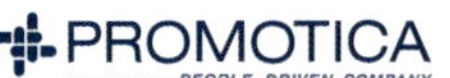

Partner editoriale / Editorial Partner

SKIRA

Partner

URBAN VISION

Con il sostegno di / With the support of

PROMOTICA
PEOPLE DRIVEN COMPANY

Si ringraziano / Acknowledgments
Andrea Amichetti
Edgardo Altieri
Corrado Beldì
Todd Burdette / His Hero Is Gone
Casa Brivio
Carlos Casas
Andrea Corona
Pietro Della Lucia
Ernesto Füstenberg Fassio
Fondazione Merz
Davide Giannella
Maurizio Guarnero
Roberto Lacarbonara
Andrea Lissoni
Paride Vitale
Gigi e Clara Patrignani
Ruggero Pietromarchi
Stefano Rabolli Pansera
Giacomo Ristorante
Guido Savini
Diego Toscani
Tiburtini Roma
Museo del '900, Milano
FILA spa
Dardo e Tazio

Torna a Milano, a sedici anni di distanza dalla suggestiva esposizione negli spazi dell'ex fabbrica Lambretta, l'opera di Nico Vascellari, artista tra i più apprezzati tra i contemporanei. Vascellari, forte di un unanime riconoscimento a livello internazionale, ha partecipato a manifestazioni in Italia e all'estero e le sue opere sono presenti all'interno di istituzioni e collezioni permanenti di tutto il mondo. Con *Pastorale*, Palazzo Reale offre al pubblico un'opportunità imperdibile per approfondire la conoscenza di questo artista la cui ricerca, come lui stesso dichiara, "si articola e prende forma attraverso diverse pratiche, tra cui performance, scultura, installazione, disegno, video e suono [...], analizza tematiche legate alla natura e al suo rapporto con l'uomo, fenomeni ancestrali e rituali, folklore e tradizioni, contaminandole con una dimensione underground".

Questa mostra si inserisce a pieno titolo nella prospettiva di indagine e valorizzazione delle tendenze più significative dell'arte contemporanea che caratterizza da tempo la proposta culturale di Palazzo Reale. L'attenzione al contemporaneo è del resto una costante che attraversa tutta Milano, accomunando istituzioni pubbliche e private nella creazione di un'offerta culturale sempre più vivace nella nostra città.

Giuseppe Sala
Sindaco
Comune di Milano

Sixteen years after his evocative exhibition at the former Lambretta factory, Nico Vascellari's work returns to Milan. Recognized as one of the leading contemporary artists, Vascellari has gained widespread international acclaim, exhibiting in Italy and abroad, and his works have been featured in major institutions and permanent collections worldwide. With *Pastorale*, Palazzo Reale presents a rare opportunity to engage with an artist whose practice, as he describes it, "takes shape through multiple disciplines, including performance, sculpture, installation, drawing, video, and sound ... exploring themes of nature and its relationship with humankind, ancient rituals and phenomena, folklore, and traditions, all infused with an underground sensibility."

This exhibition reflects Palazzo Reale's ongoing commitment to showcasing and exploring the most significant issues and trends in contemporary art. Contemporary art has long been a defining feature of Milan's cultural landscape, bringing together public and private institutions in fostering an increasingly dynamic and vibrant arts scene.

Giuseppe Sala
Mayor
City of Milan

Palazzo Reale accoglie *Pastorale*, la nuova personale di Nico Vascellari, allestita nella storica
Sala delle Cariatidi e inaugurata in occasione di Milano Art Week 2025. Dopo le esposizioni al
Forte di Belvedere e al Salone dei Cinquecento di Palazzo Vecchio a Firenze, questo evento segna
il ritorno dell'artista a Milano, a oltre quindici anni dalla performance *I Hear A Shadow* (2009).

La mostra si ispira alla storia della Sala delle Cariatidi, luogo emblematico di distruzione
e rinascita, temi centrali nella poetica di Vascellari. L'opera dialoga con le vicende del XX secolo,
in particolare con i bombardamenti del 1943 che ne segnarono profondamente la struttura.
Pastorale attualizza questa memoria storica, mettendola in relazione con le tensioni del presente,
segnato da conflitti e crisi ma anche da possibilità di rigenerazione.

Indagando la persistenza della storia e il ruolo dell'arte come testimone dei momenti più
oscuri, *Pastorale* si ricollega idealmente all'esposizione di *Guernica* di Pablo Picasso ospitata
nella stessa sala nel 1953. L'opera esplora il ciclo eterno della vita, tra dissoluzione e rinascita,
intrecciando esperienze individuali e collettive. Vascellari riconosce la potenza distruttiva
dell'uomo, ma la inserisce in un più ampio processo di trasformazione, dove la natura si impone
come principio di rinnovamento.

Il suo approccio interdisciplinare si esprime attraverso molteplici linguaggi, dalla performance
alla scultura, dal video al collage, dalla scrittura al disegno. Il suo lavoro si colloca nella
tradizione delle avanguardie storiche, esplorando i confini tra arte e vita, tra simbolismo e
materia. Centrale è la dimensione performativa, che spinge lo spettatore a confrontarsi con
tensioni profonde e contrasti radicali.

Attraverso *Pastorale*, Vascellari invita il pubblico a riflettere sulla condizione umana e sulla
possibilità di superare i limiti dell'individualismo e delle strutture rigide del pensiero. L'arte,
intesa come veicolo di conoscenza, diventa uno strumento per esplorare le forze primordiali che
governano la realtà, offrendo una prospettiva capace di trascendere la contingenza storica e
aprirsi a nuove possibilità di trasformazione.

Tommaso Sacchi
Assessore alla Cultura
Comune di Milano

Palazzo Reale presents *Pastorale*, a new solo exhibition by Nico Vascellari, staged in the historic Sala delle Cariatidi and unveiled as part of Milano Art Week 2025. Following exhibitions at Forte Belvedere and the Salone dei Cinquecento in Palazzo Vecchio, Florence, this event marks the artist's return to Milan, more than fifteen years after his 2009 performance *I Hear A Shadow*.

The exhibition draws inspiration from the history of the Sala delle Cariatidi—an emblematic space of destruction and rebirth, themes central to Vascellari's artistic vision. His work engages with the events of the twentieth century, particularly the 1943 bombings that left a lasting mark on the hall's structure. *Pastorale* brings this historical memory into the present, connecting it to today's tensions—an era shaped by conflict and crisis, yet also by possibilities for regeneration.

Exploring history's persistence and art's role as a witness to humanity's darkest moments, *Pastorale* resonates with the legacy of *Guernica* by Pablo Picasso, which was displayed in this very room in 1953. The work reflects on the eternal cycle of life, oscillating between dissolution and renewal, weaving together individual and collective experiences. Vascellari acknowledges humanity's destructive force, yet situates it within a broader process of transformation, where nature emerges as a force of renewal.

His interdisciplinary approach spans multiple media—from performance to sculpture, video to collage, writing to drawing. Rooted in the tradition of historical avant-gardes, his work pushes the boundaries between art and life, symbolism and materiality. At its core lies a performative dimension that compels the viewer to confront profound tensions and radical contrasts.

With *Pastorale*, Vascellari invites the audience to reflect on the human condition and the possibility of transcending individualism and rigid thought structures. Art, understood as a vehicle of knowledge, becomes a means to explore the primal forces that shape reality—offering a perspective that extends beyond historical contingency and opens up new possibilities for transformation.

Tommaso Sacchi
Deputy Mayor for Culture
City of Milan

Questa inedita mostra-installazione nasce da un prolungato scambio di idee con
Nico Vascellari sull'antico, ma sempre attuale, rapporto tra cultura e natura che, peraltro,
è uno dei temi più ricorrenti e sentiti della sua poetica, pensandolo in riferimento
alla storia della Sala delle Cariatidi.

Con grande professionalità e con animo aperto, Vascellari si è autodeterminato
a obbedire a un doppio vincolo, quello contenutistico e quello rappresentato da un contenitore
sfidante al punto che, se non opportunamente governato, rischia di paralizzare
la stessa attività artistica.

Vascellari ha dovuto prendersi il tempo necessario per entrare in relazione quasi
sentimentale con la Sala delle Cariatidi, conoscerne la storia non solo fattuale ma
anche culturale e simbolica, meditarla e rimeditarla approfonditamente. Man mano che
le riflessioni giungevano a un buon punto di maturazione emergevano idee progettuali,
anch'esse molte volte ripensate, fino ad arrivare al risultato finale che i visitatori potranno
vedere. L'aspetto processuale ha infatti avuto, in questa occasione, un ruolo
veramente saliente.

Si è trattato di un'operazione culturale avvincente in cui la creatività e la poesia, camminando
sottobraccio anche con aspetti ingegneristici di non poco momento, hanno prodotto
una *Gesamtkunstwerk* che si modificherà come un vero e proprio organismo vivente per
tutta la durata dell'esposizione.

Natura, cultura, arte, storia, tecnologia, filosofia, scienza, vita, viste nei loro molteplici
rapporti, sono le componenti fondamentali di questa opera che abiterà la Sala delle Cariatidi
alla stregua di un ospite capace di sorprenderci e intrigarci.

Domenico Piraina
Direttore Cultura e
Direttore del Palazzo Reale, Milano

This unprecedented exhibition-installation stems from my ongoing dialogue with Nico Vascellari on the ancient yet ever-relevant relationship between culture and nature. This is one of the most constant and deeply felt themes in his research, which he explores here through an engagement with the history of the Sala delle Cariatidi.

Vascellari conjured his extensive expertise and open spirit to navigate a dual challenge: on one hand, the conceptual demands of the work, and on the other, the constraints of an imposing space that, if not skillfully mastered, could risk stifling the very act of creation.

The artist first developed an intimate connection with the Sala delle Cariatidi, delving into its history not only as a space that housed a sequence of significant events but also as a cultural and symbolic entity. He took the time to reflect on the space and its meaning. As his thoughts evolved and matured, project ideas began to take shape. He worked through these ideas, revising and refining them until they crystallized into the final work that visitors will encounter. This process was itself central to the final outcome.

This has been an enthralling cultural operation in which creativity and poetry, hand in hand with complex engineering considerations, have given rise to a *Gesamtkunstwerk* ("a total work of art") that will continuously transform, like a living organism, throughout the duration of the exhibition.

Nature, culture, art, history, technology, philosophy, science, and life—all seen in their intricate interconnections—are the fundamental elements of this work, which will inhabit the Sala delle Cariatidi like a guest, surprising and intriguing us in equal measure.

Domenico Piraina
Director for Culture and
Director of Palazzo Reale, Milan

SOMMARIO

CONTENTS

PRELUDIO

I

PRELUDE

I

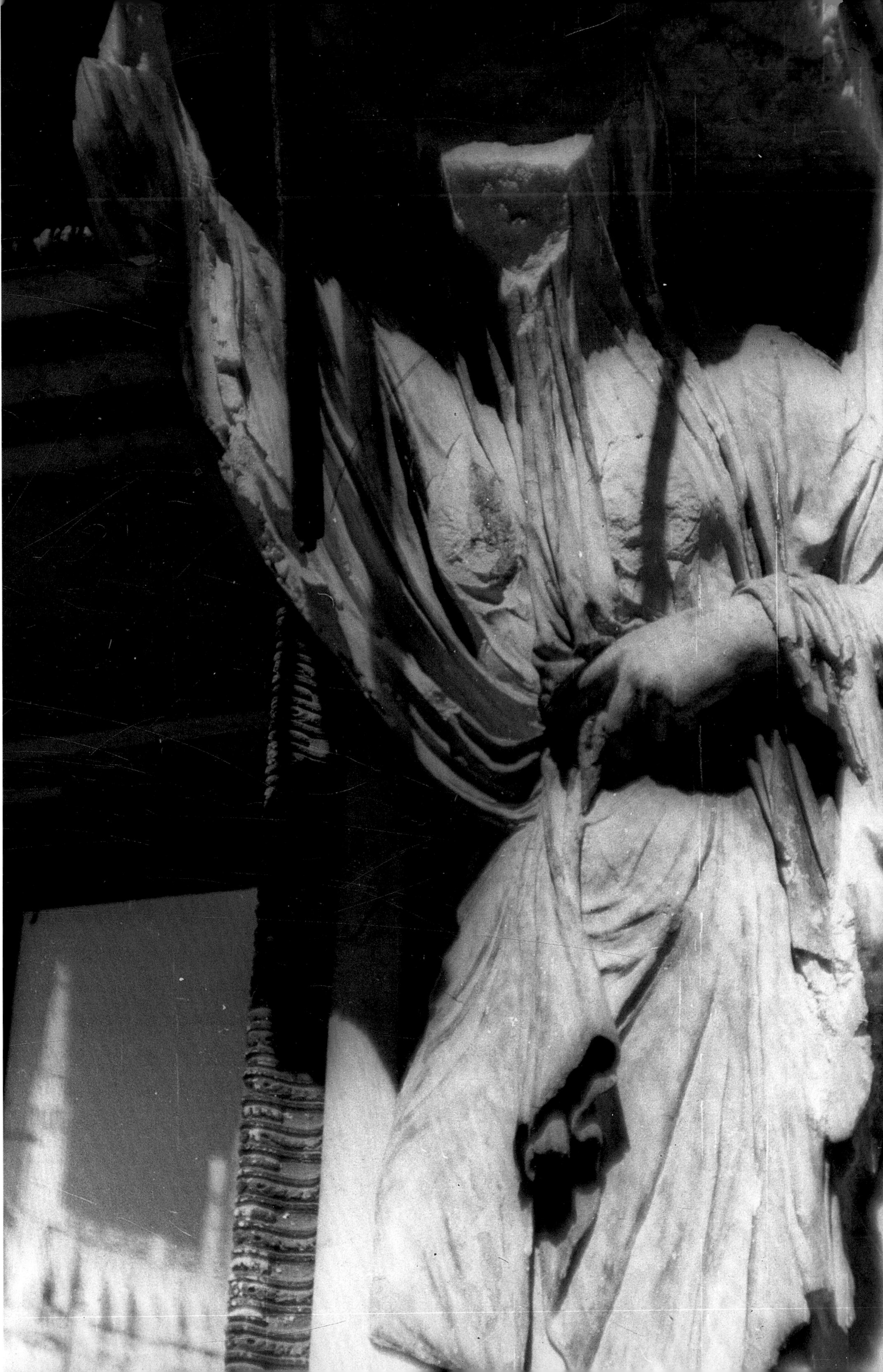

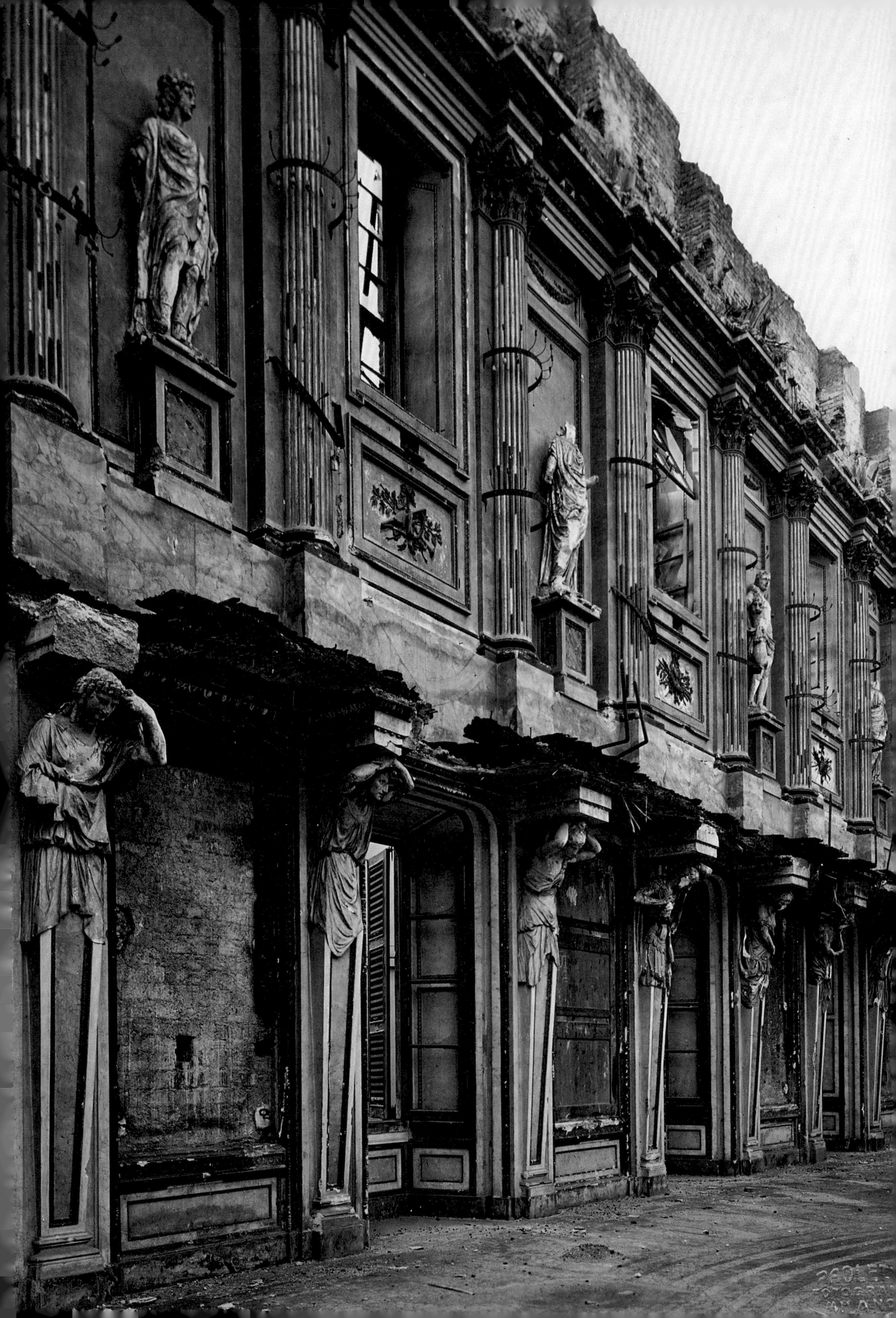

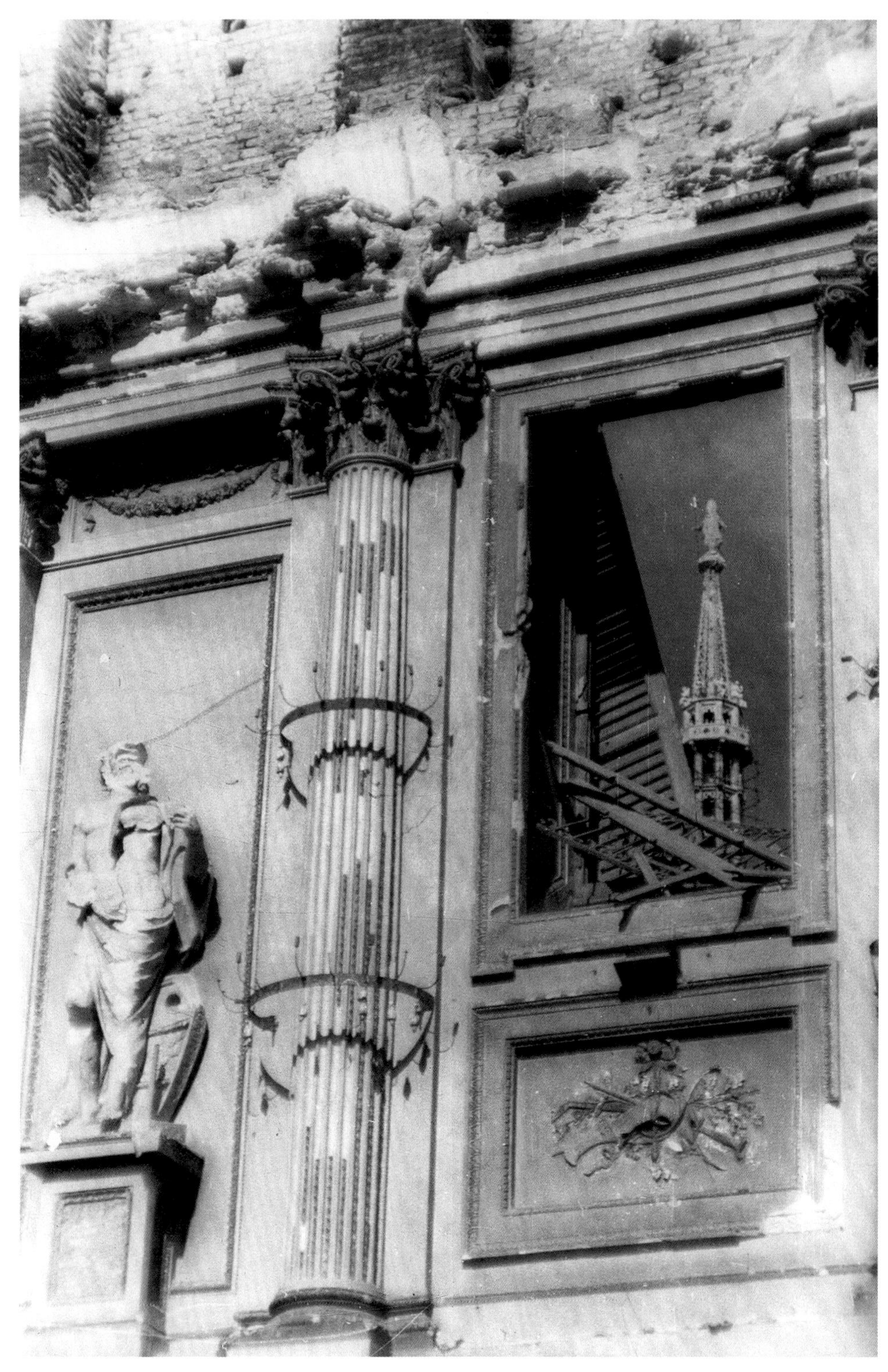

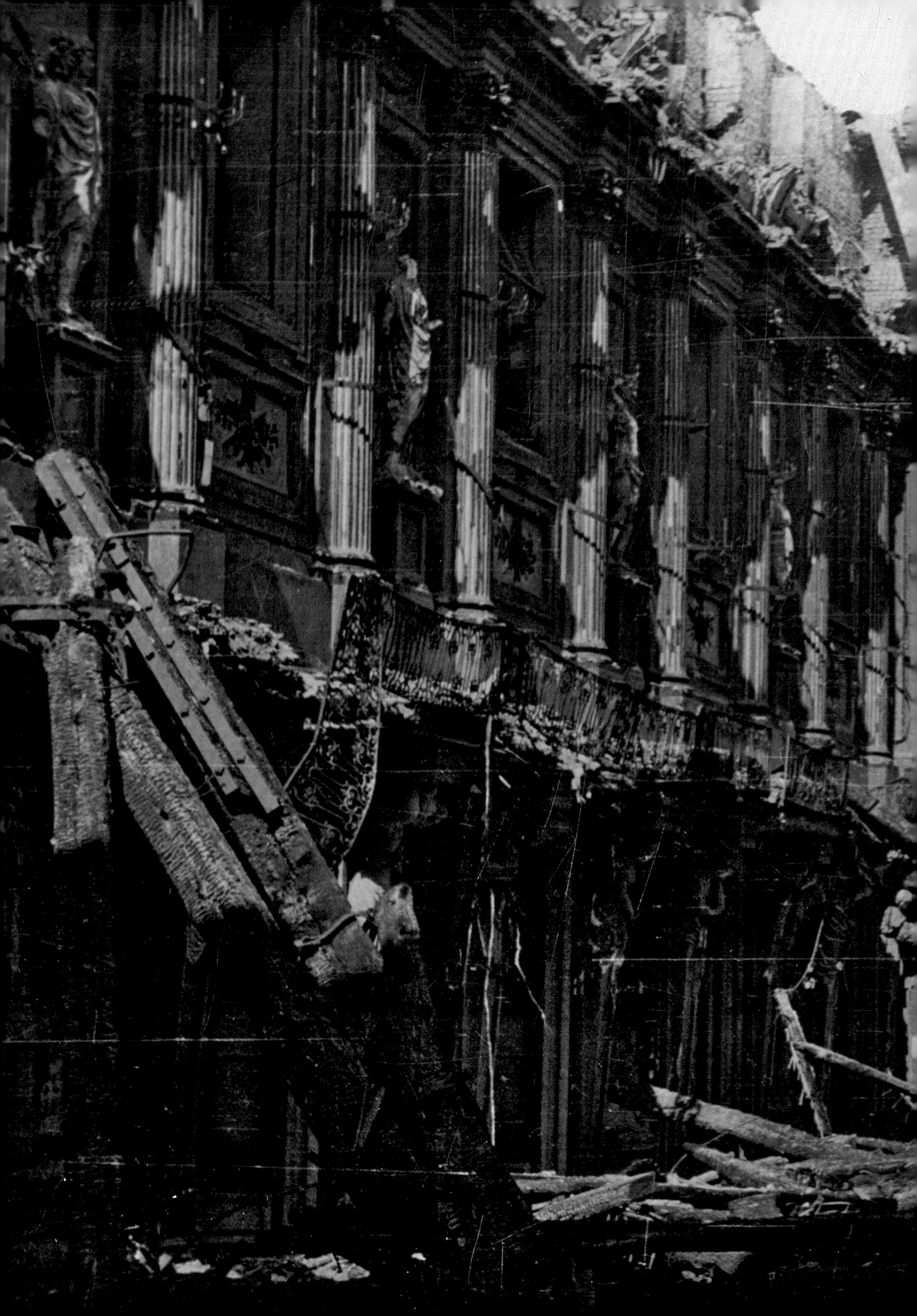

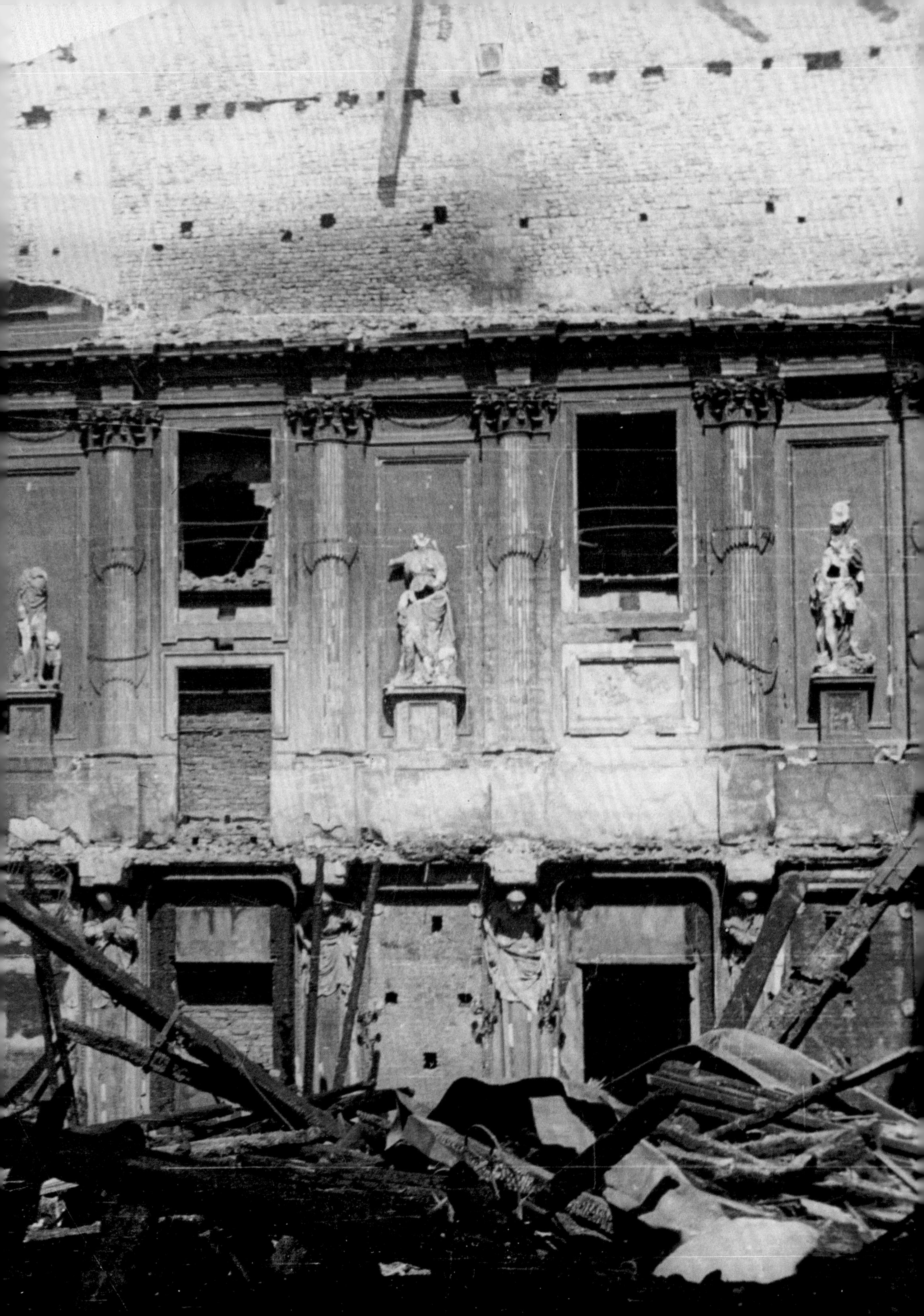

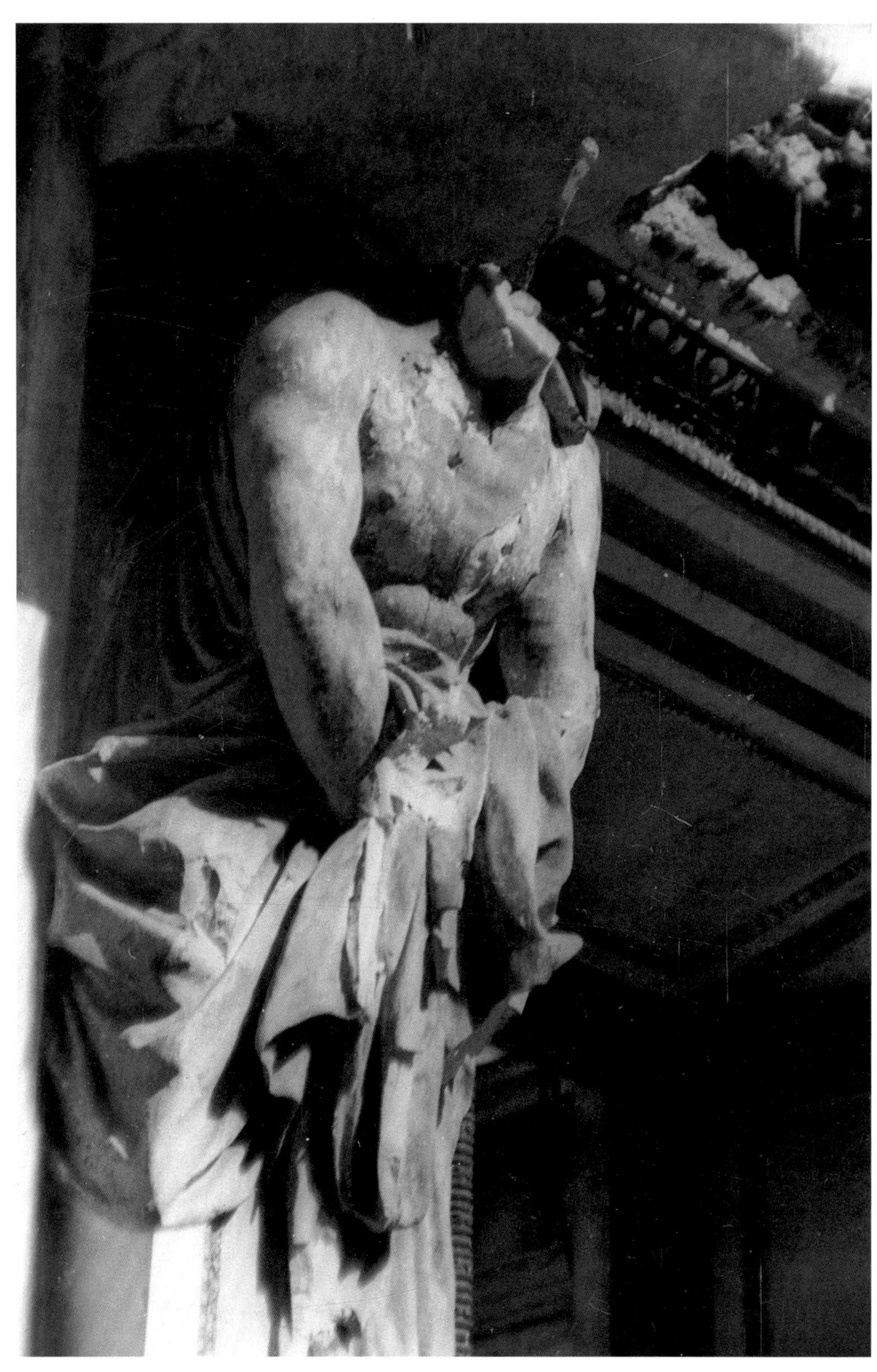

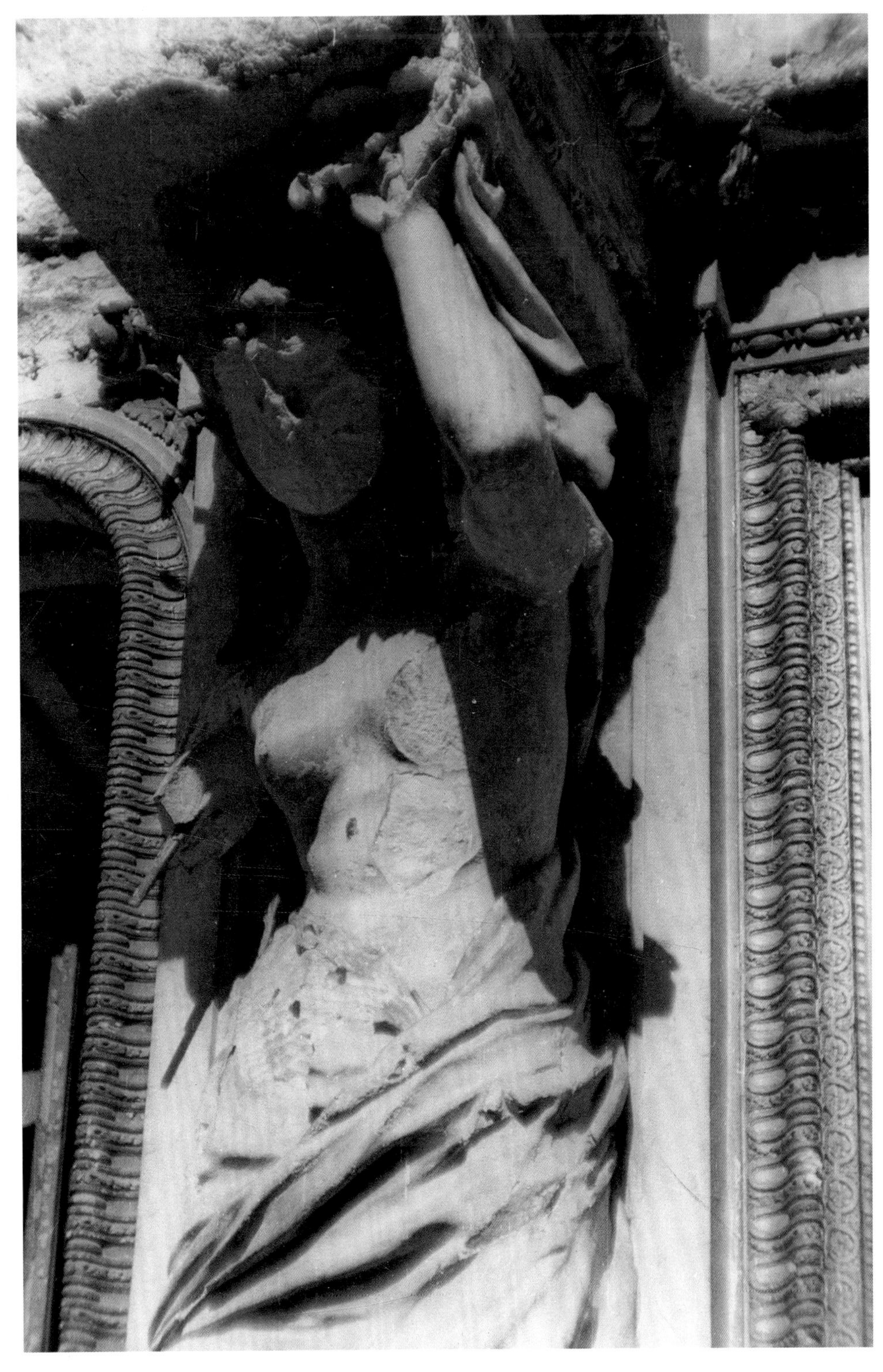

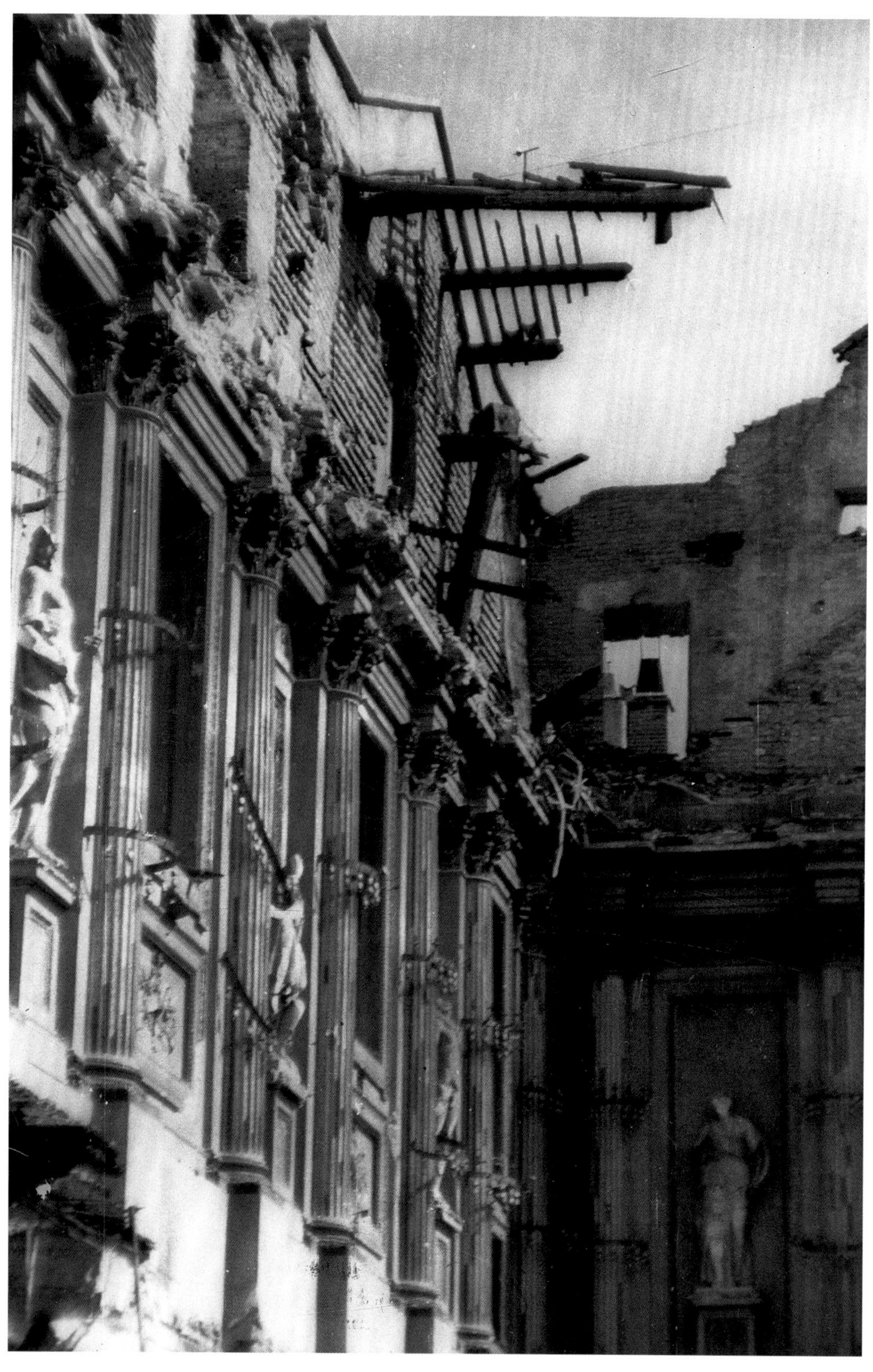

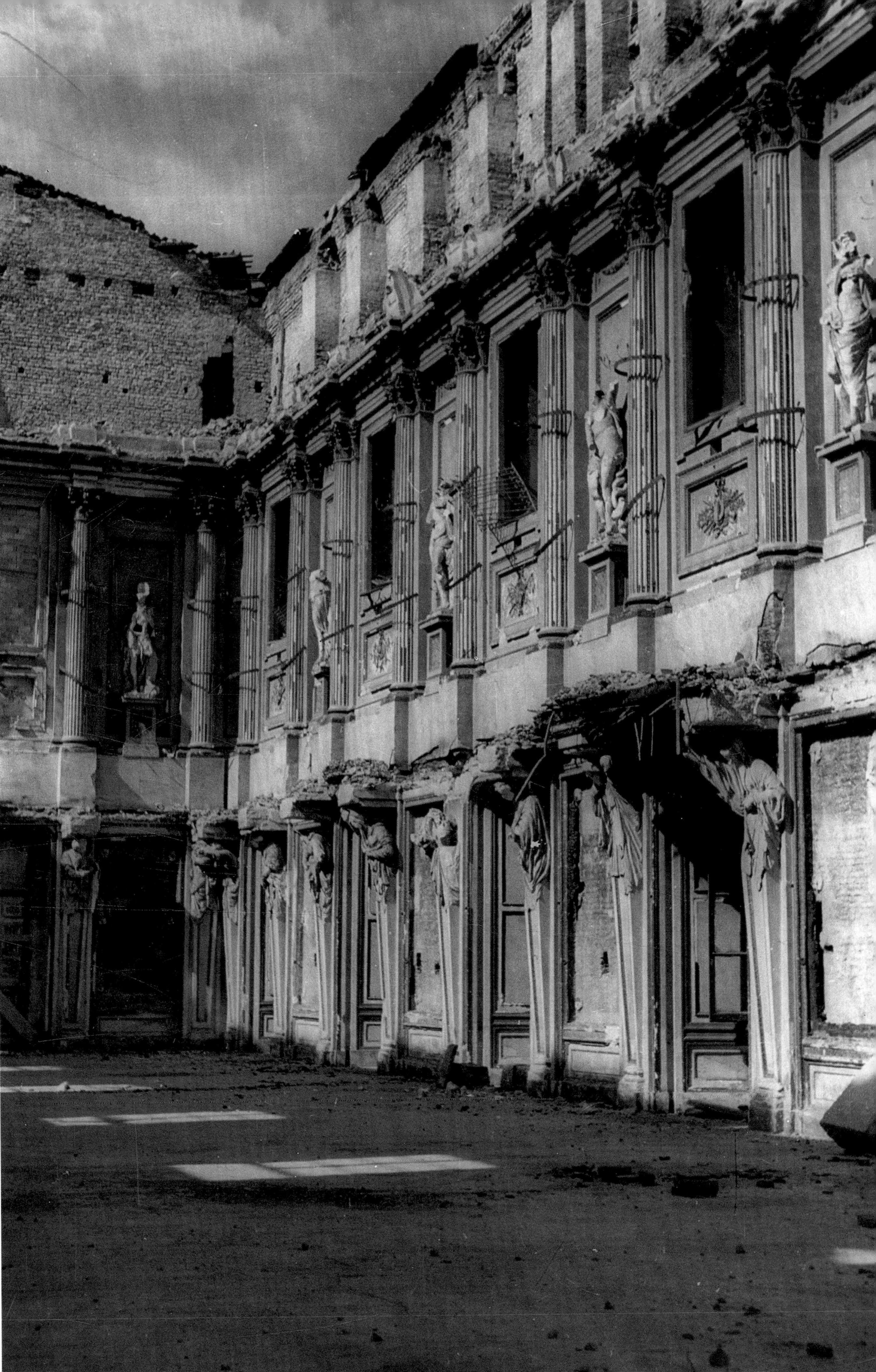

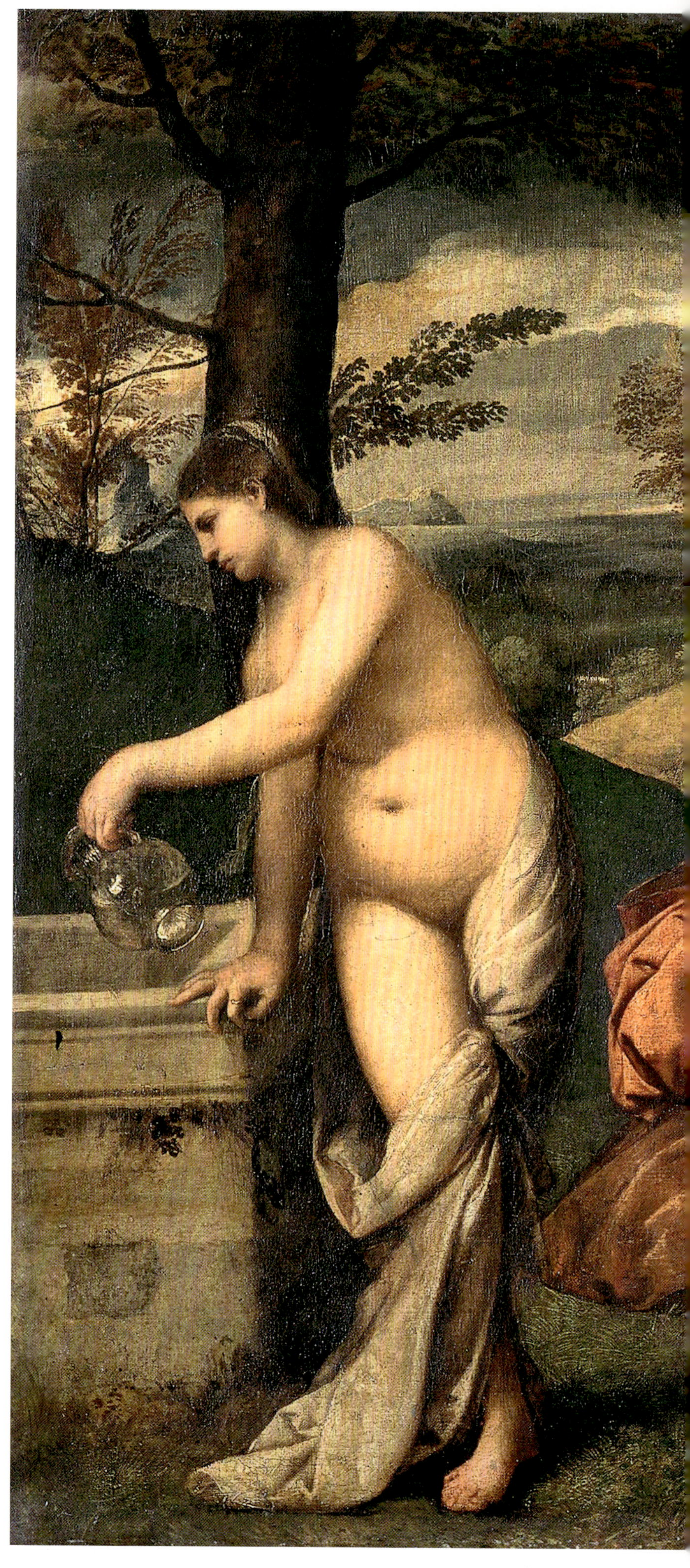

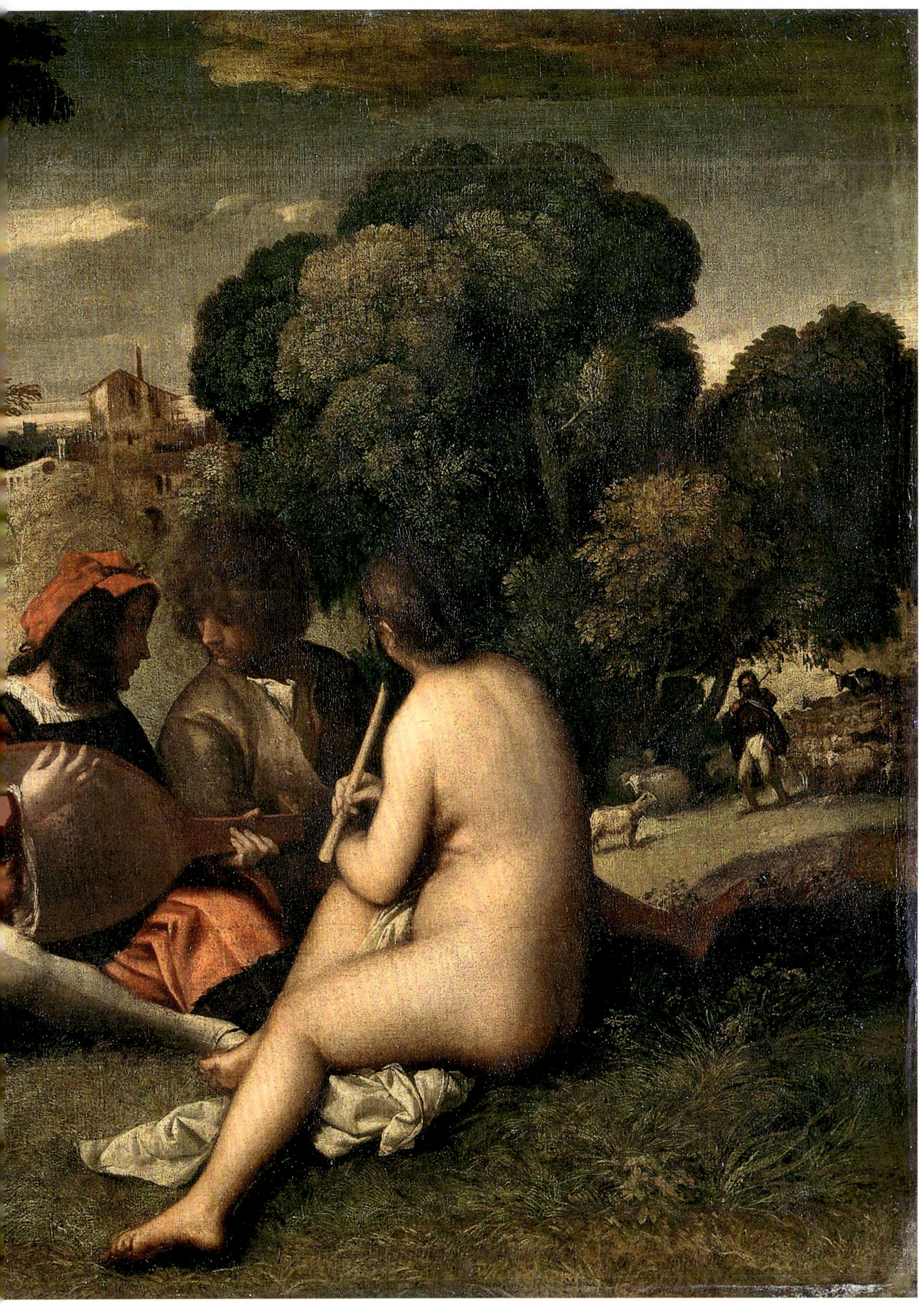

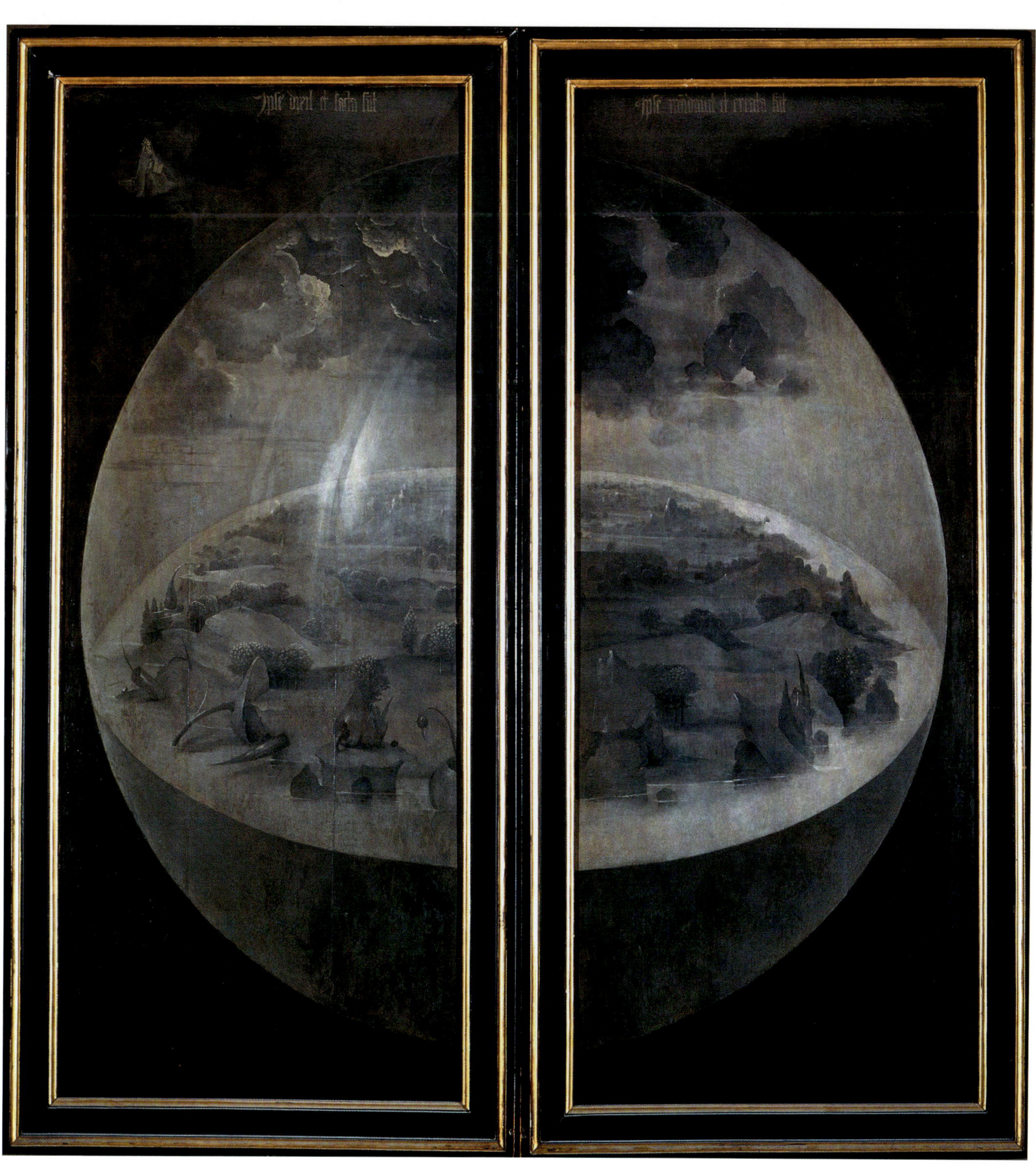

Ipfe dixit et facta funt
Ipfe mandauit et creata funt

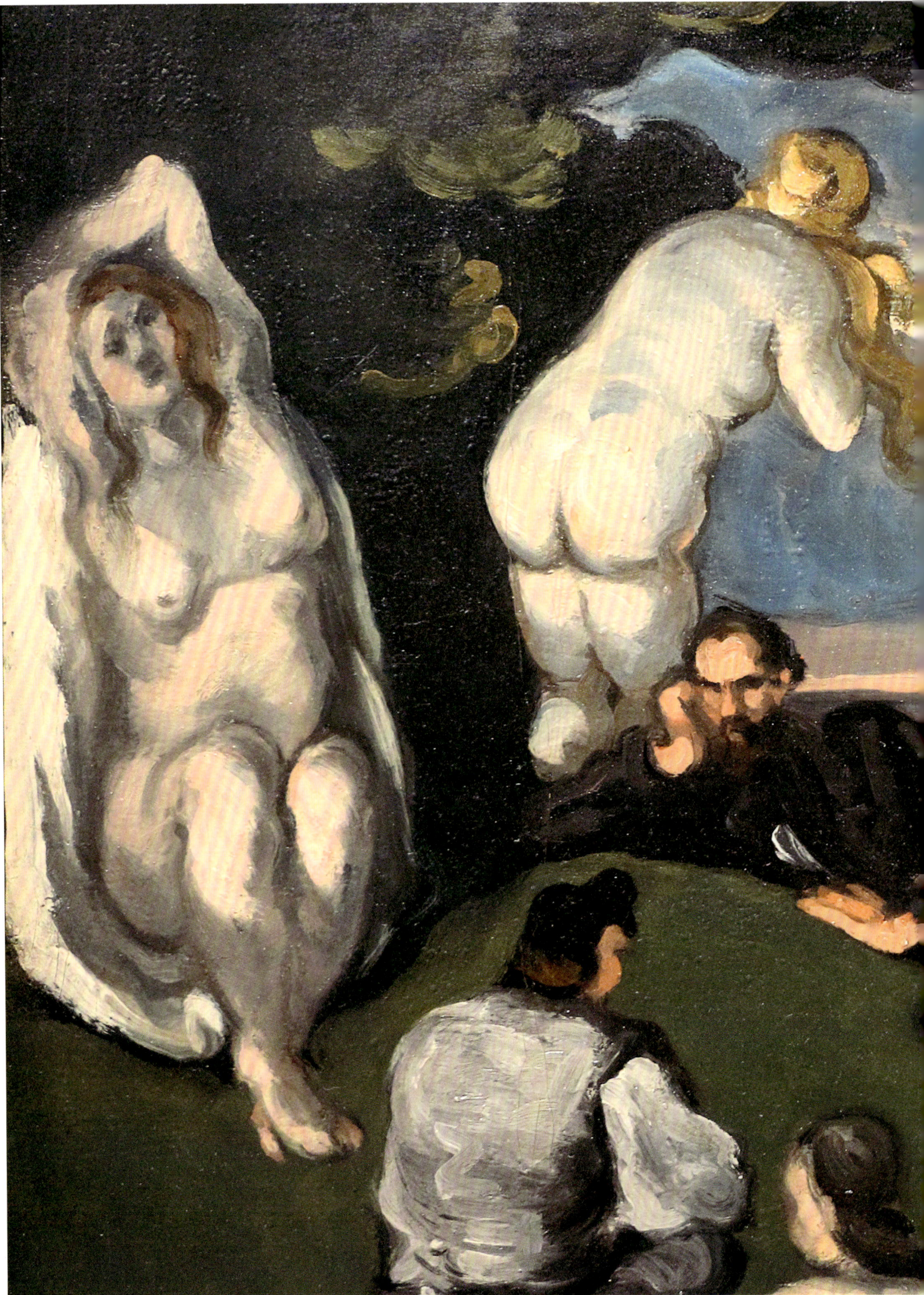

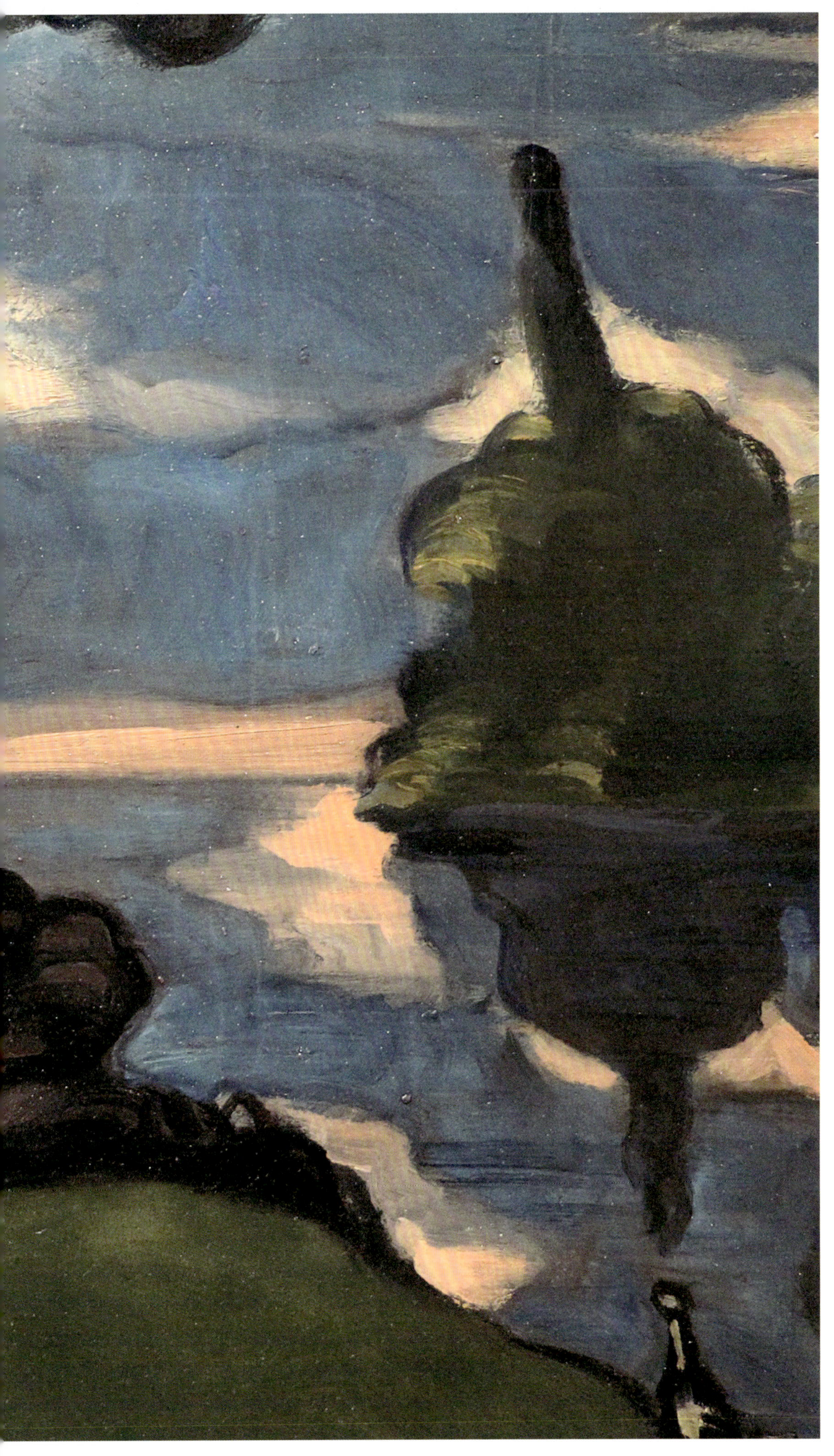

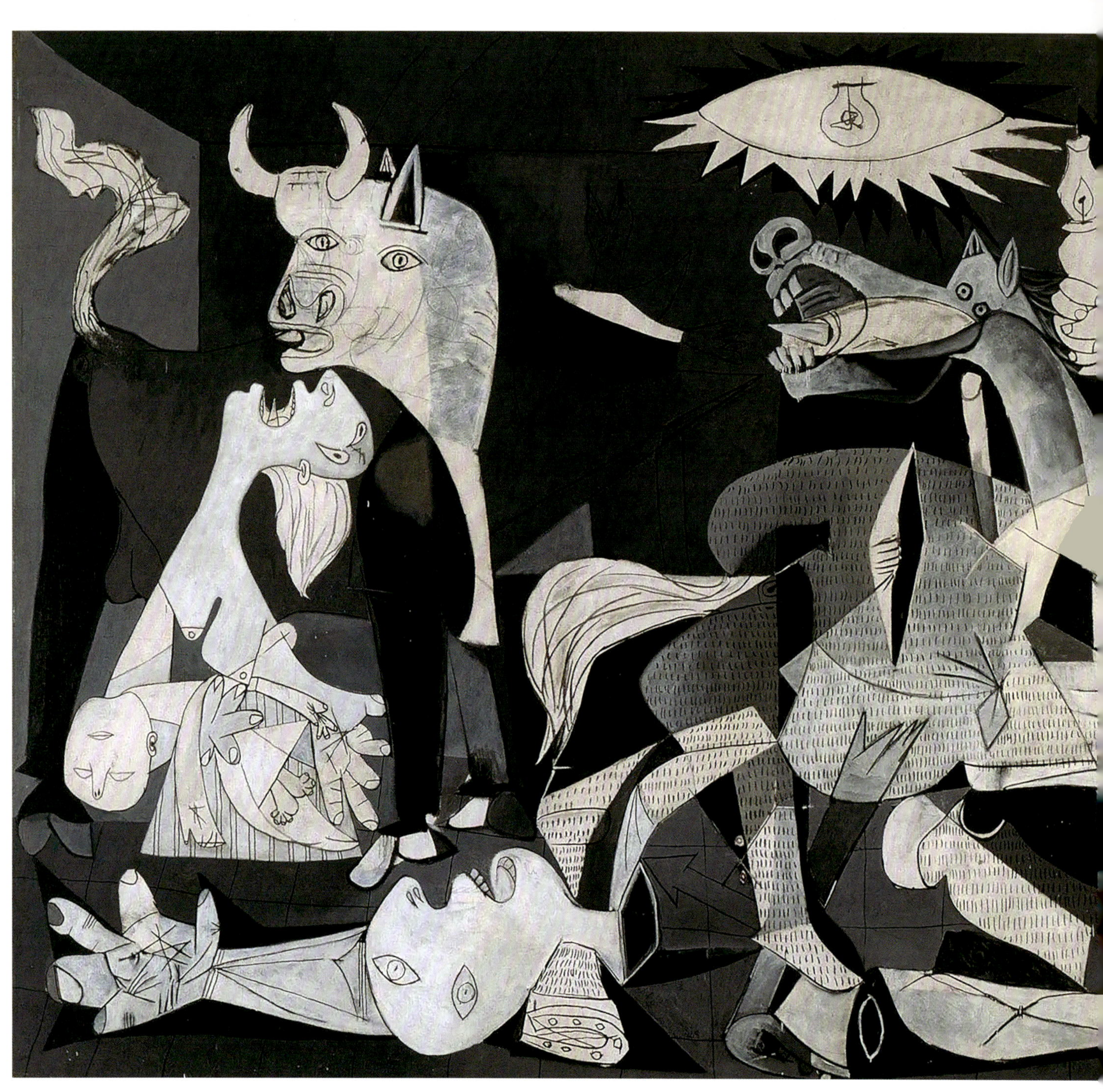

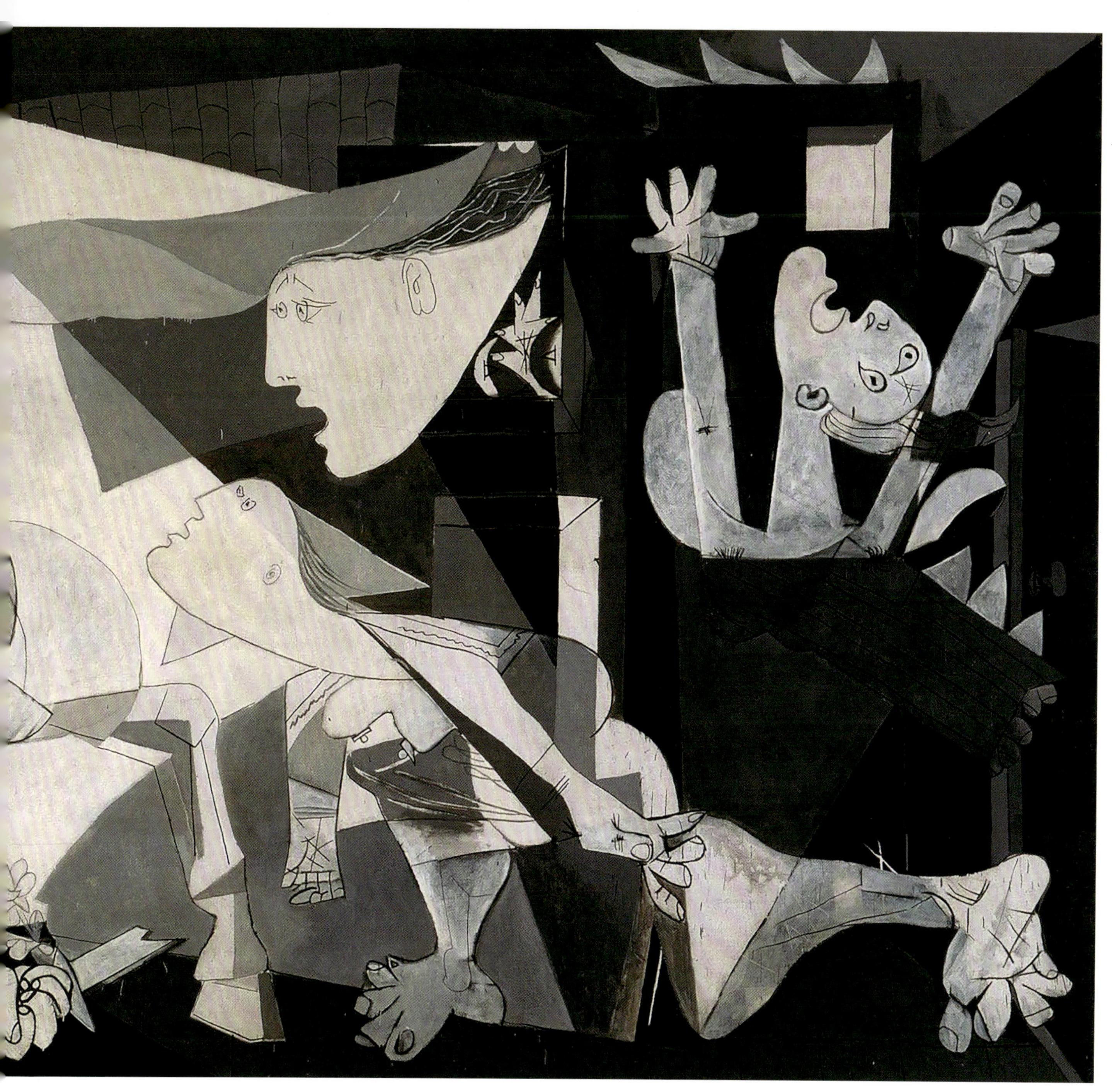

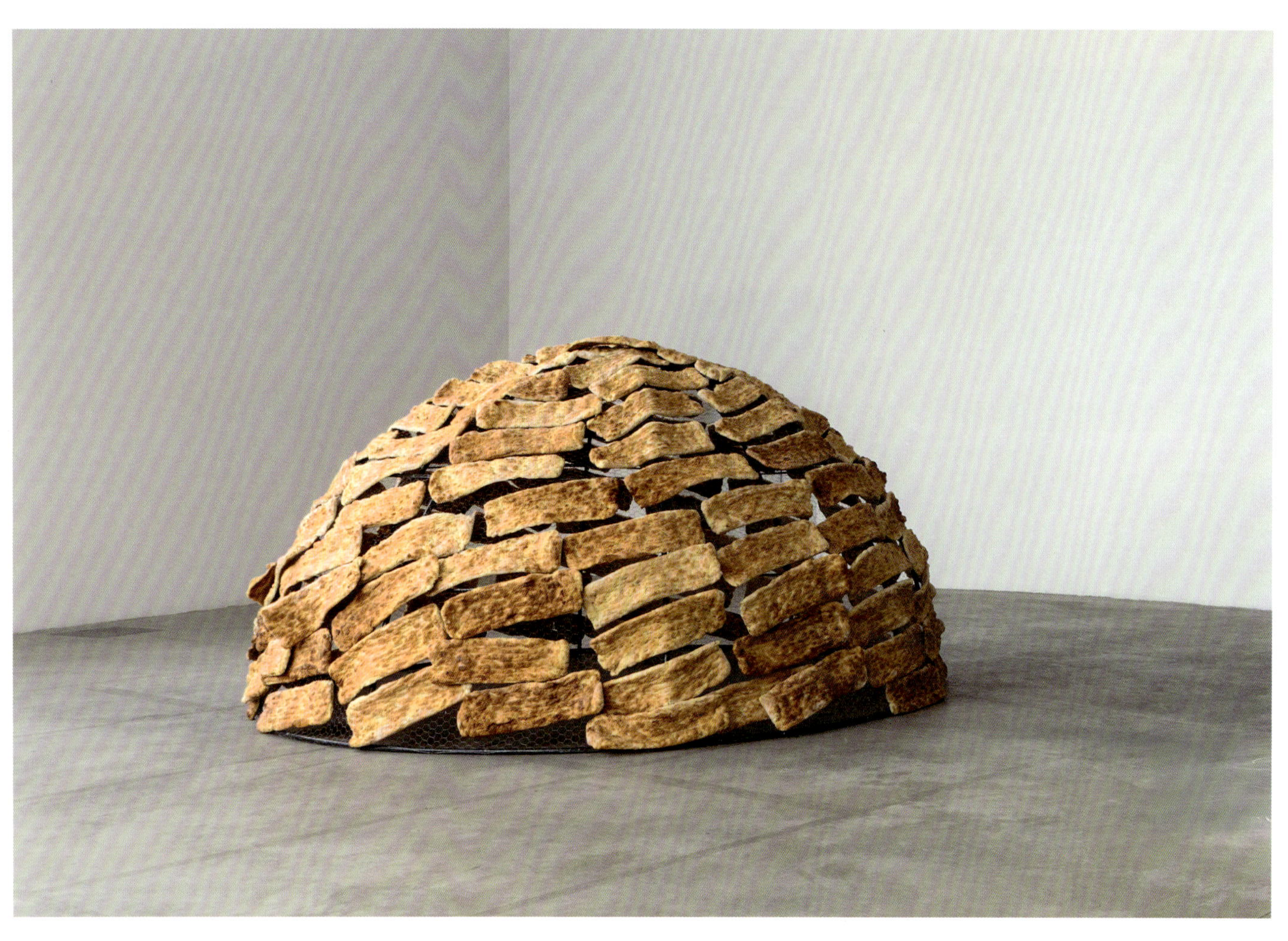

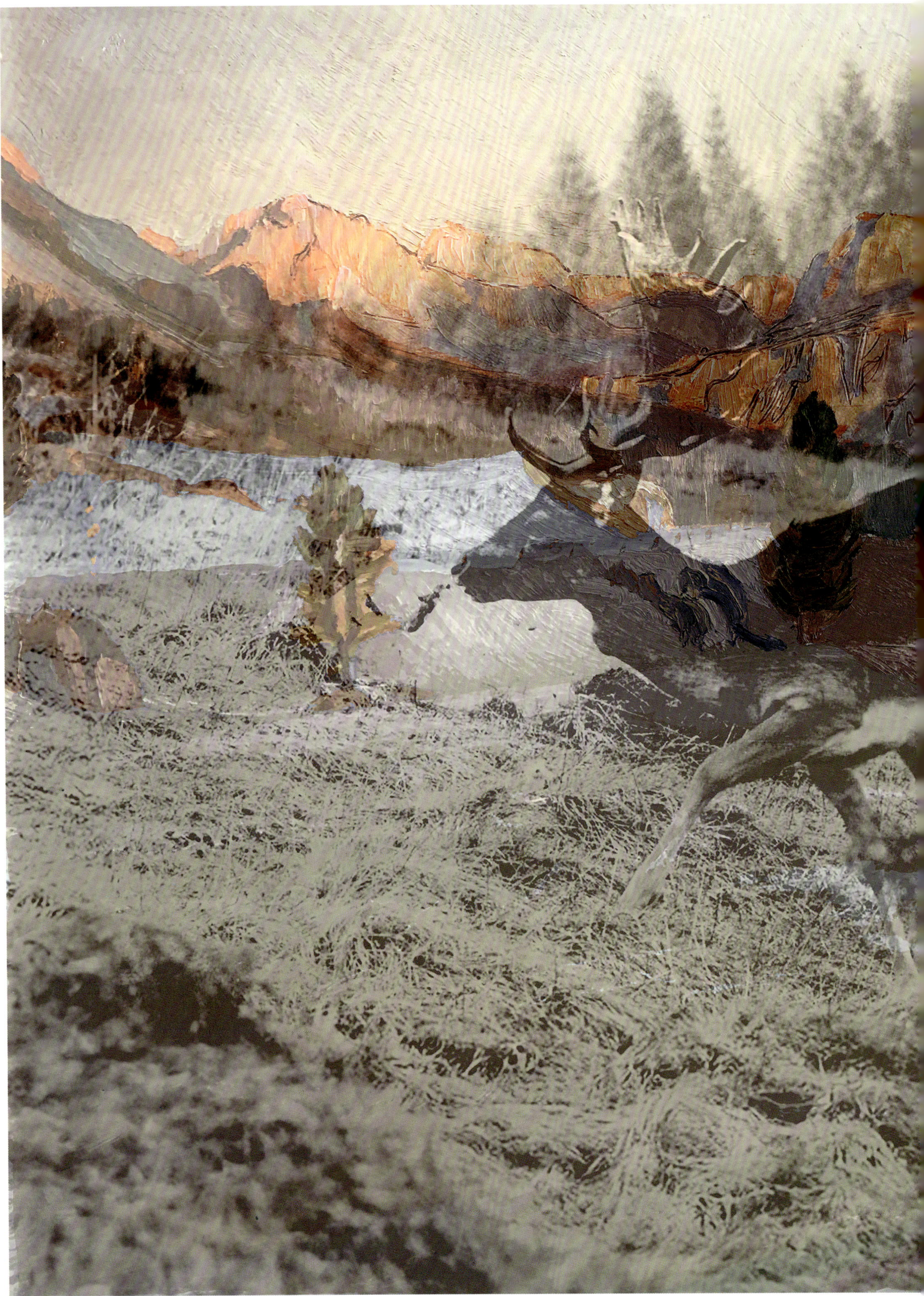

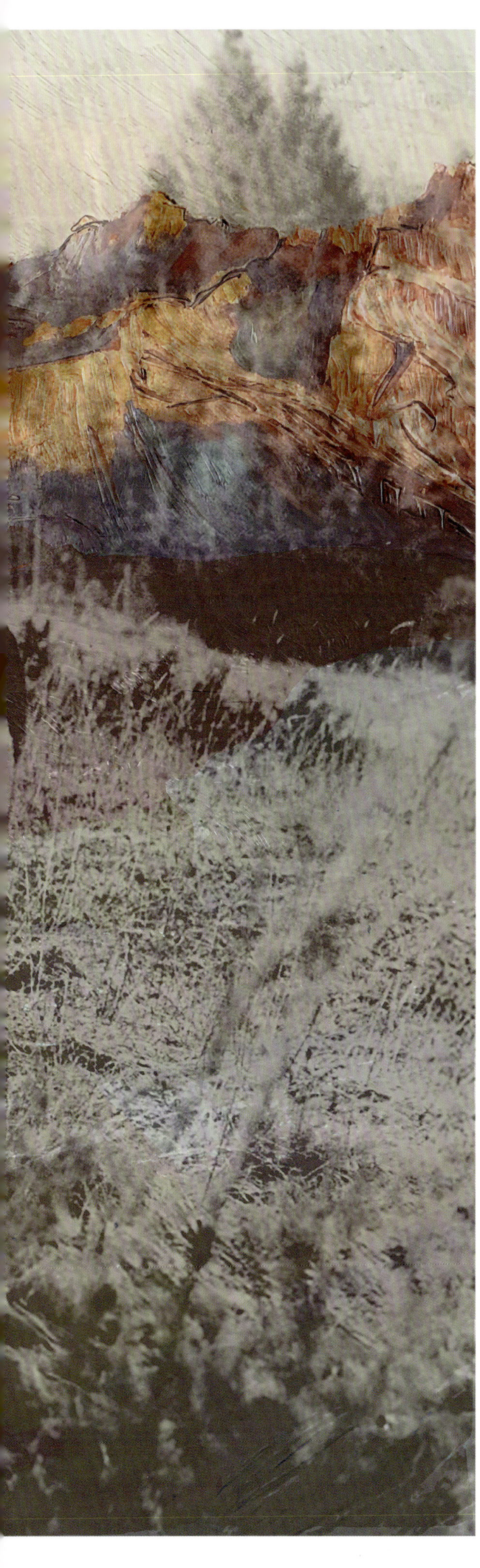

II

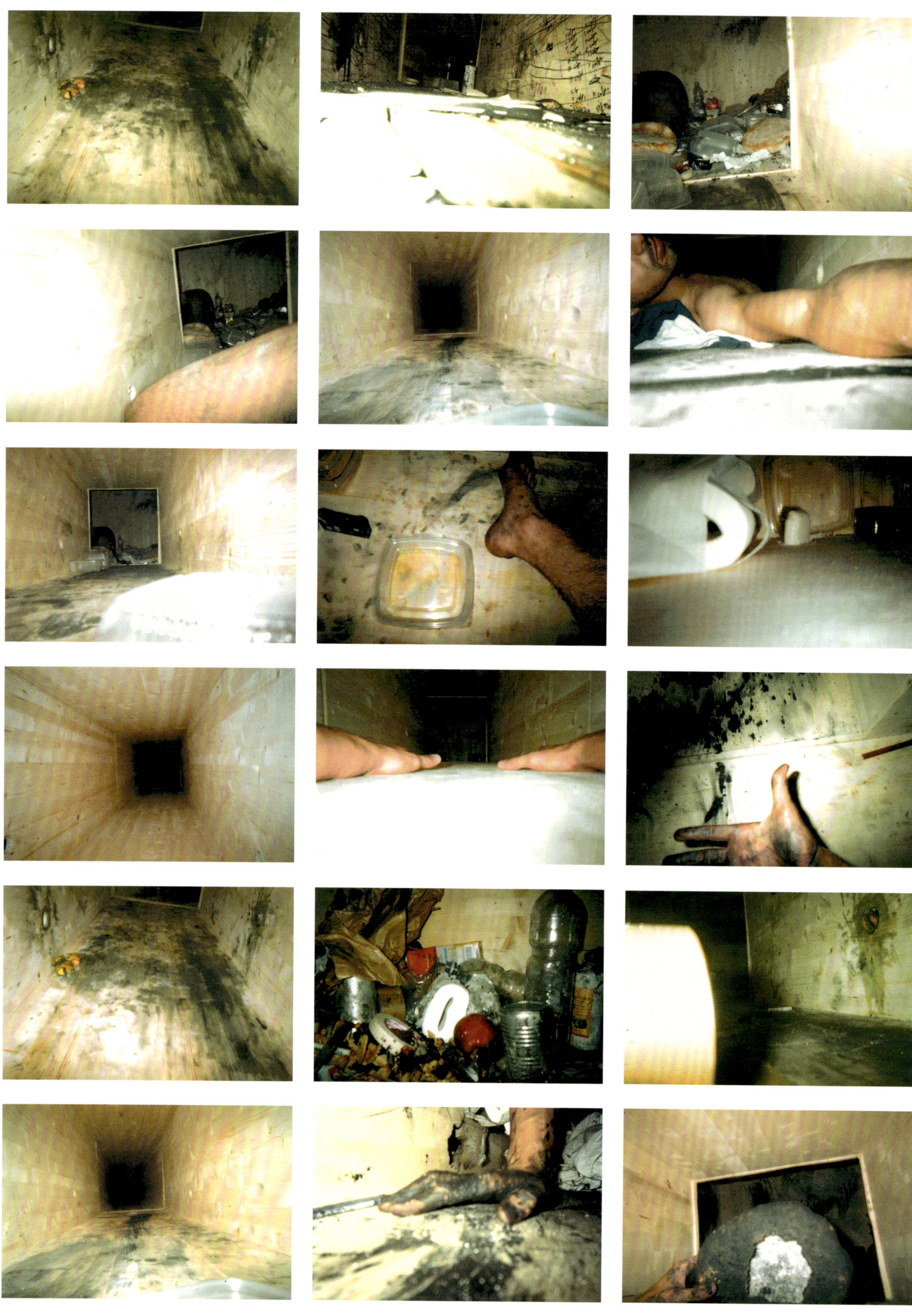

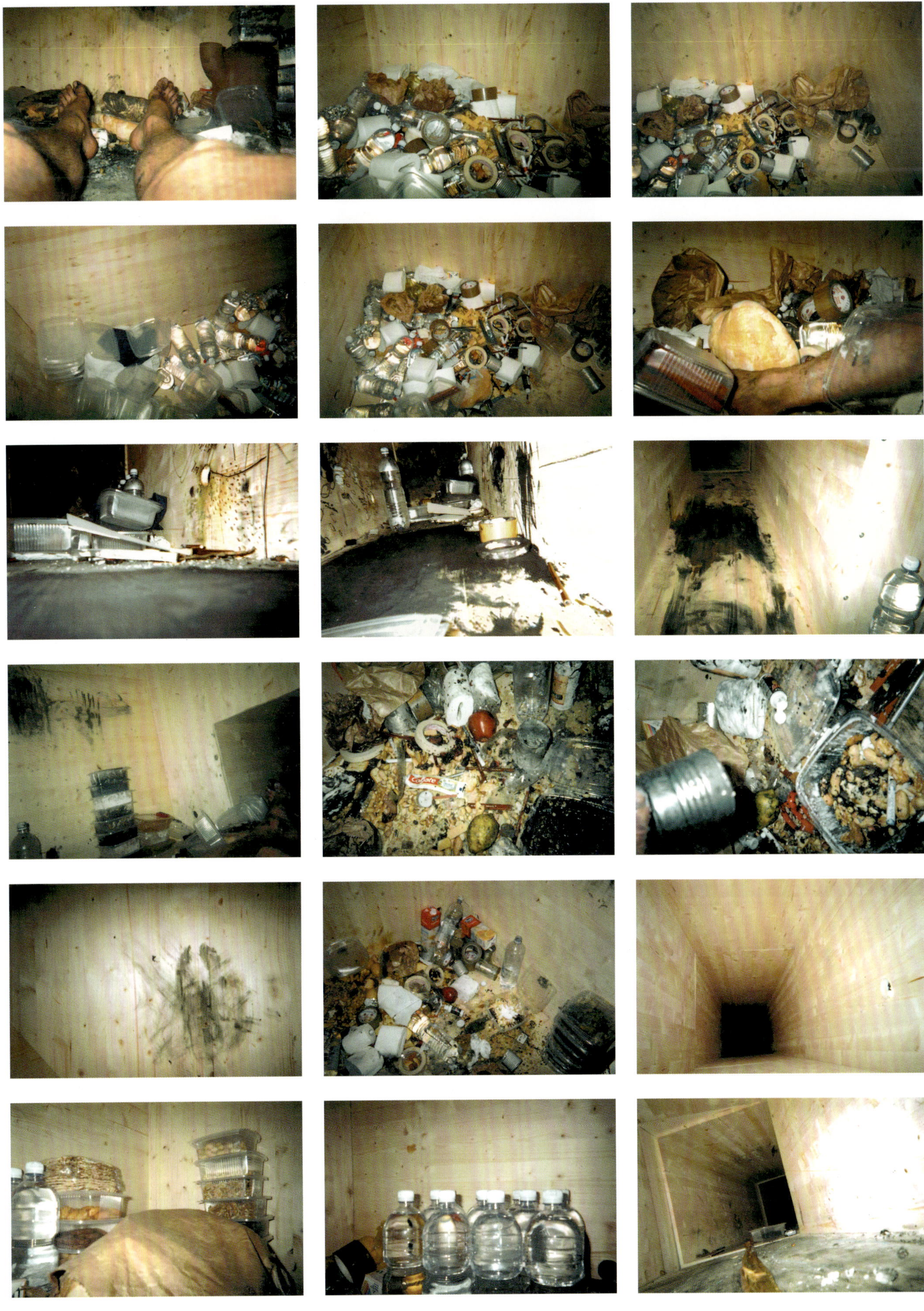

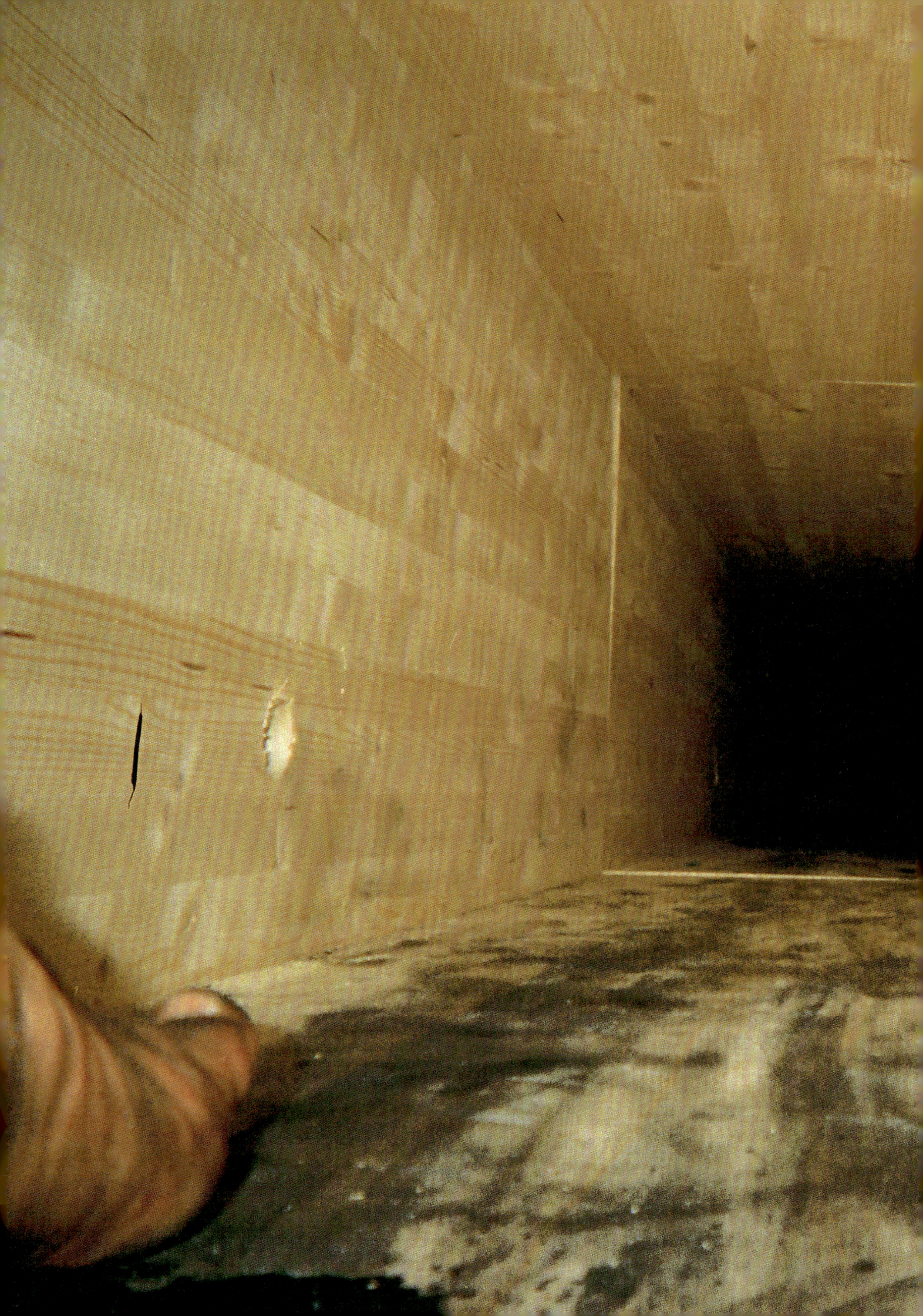

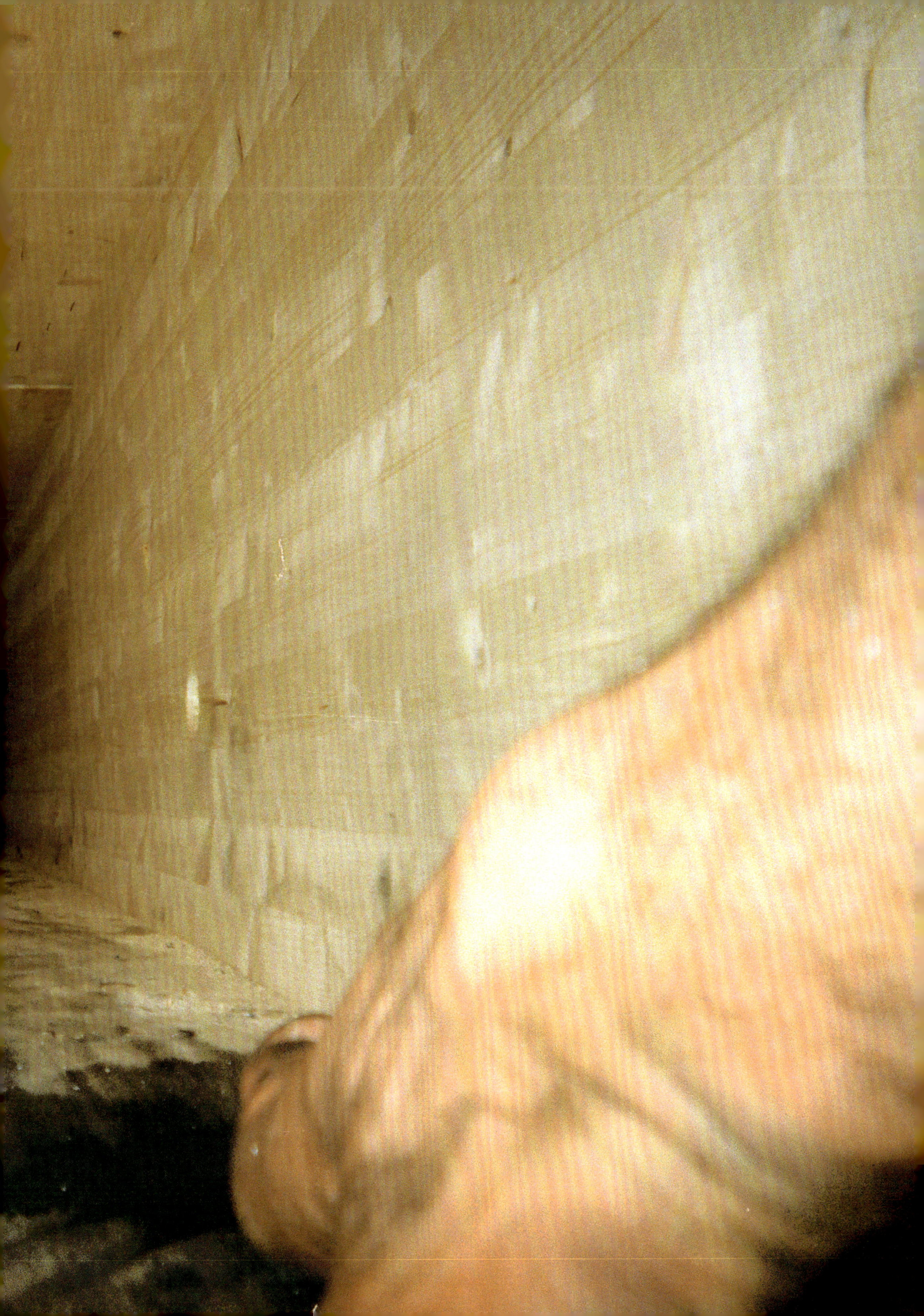

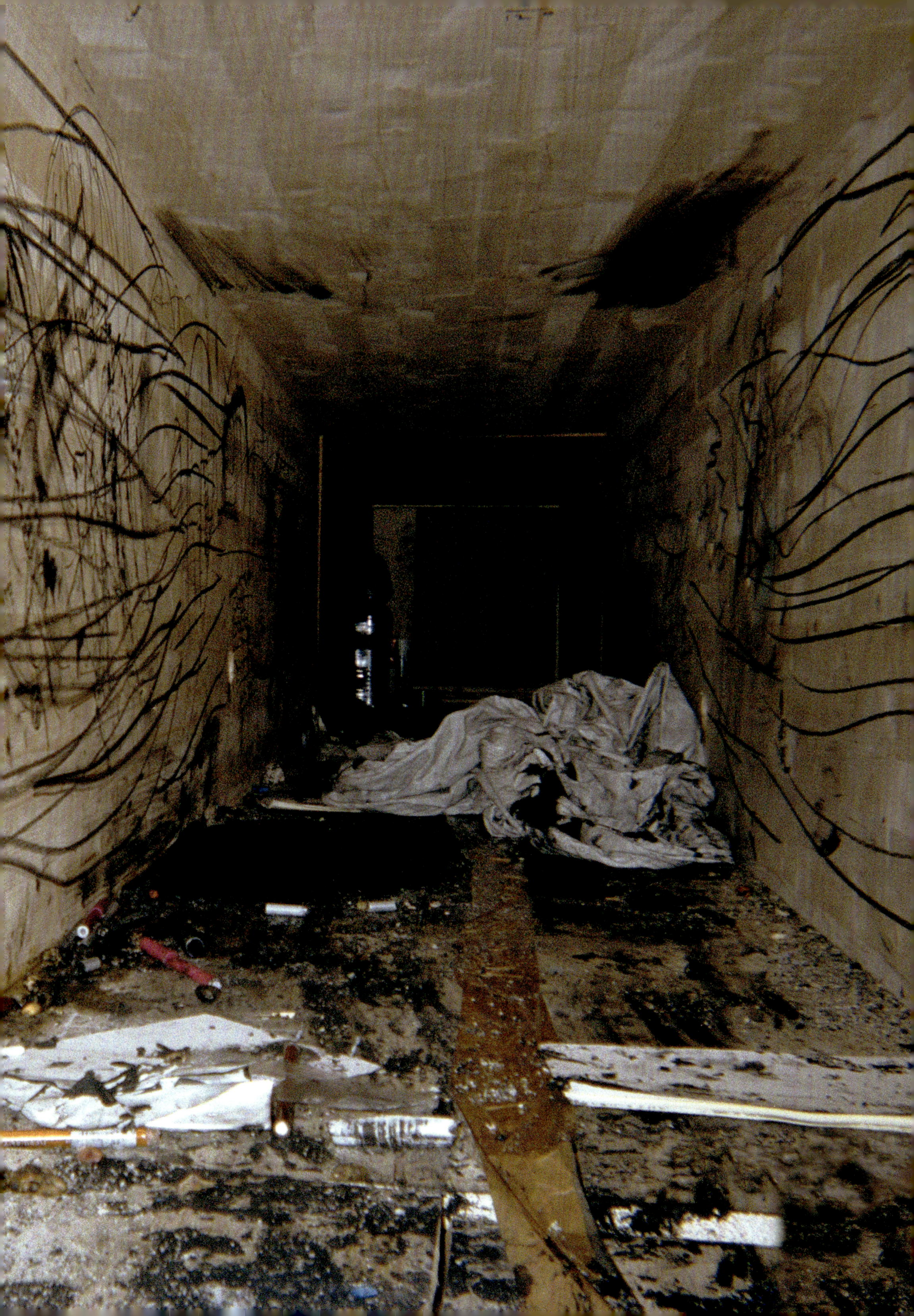

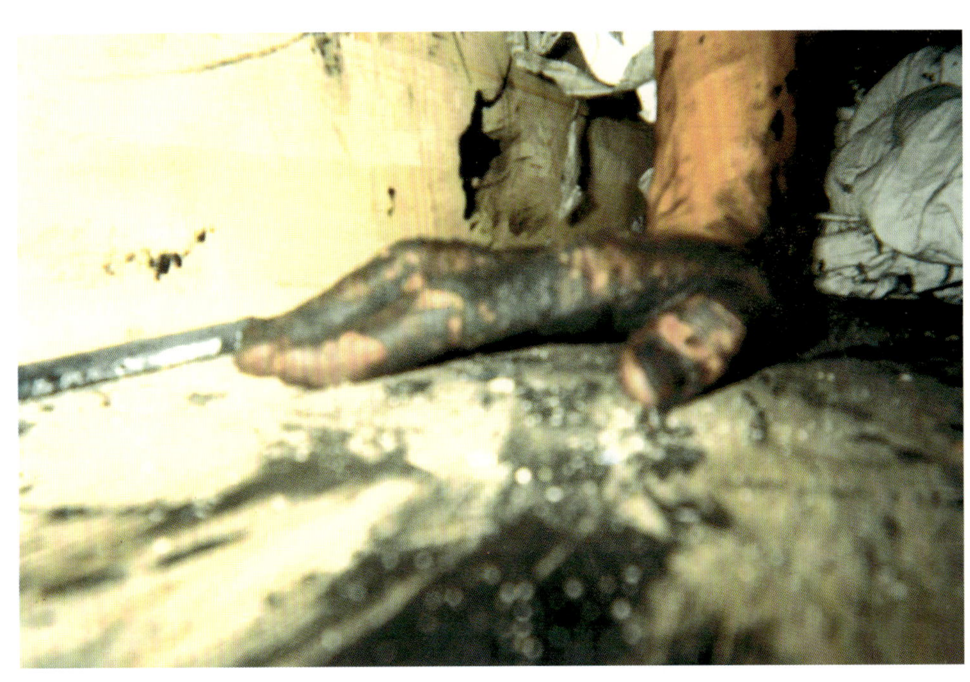

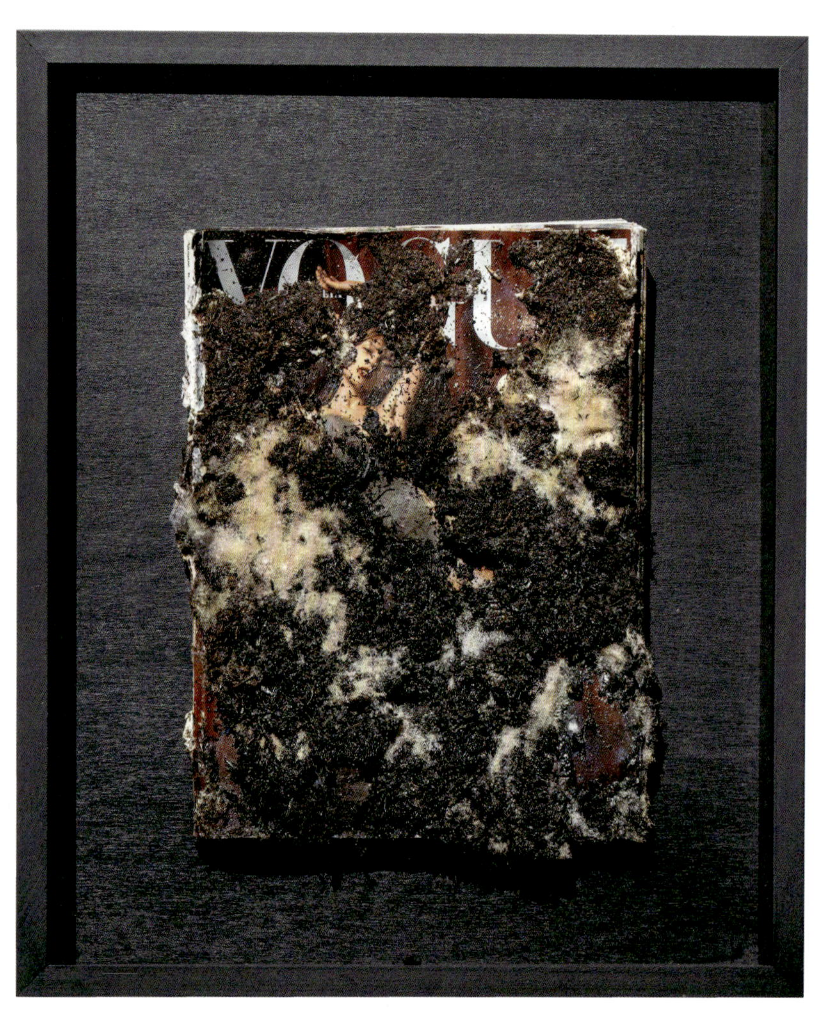

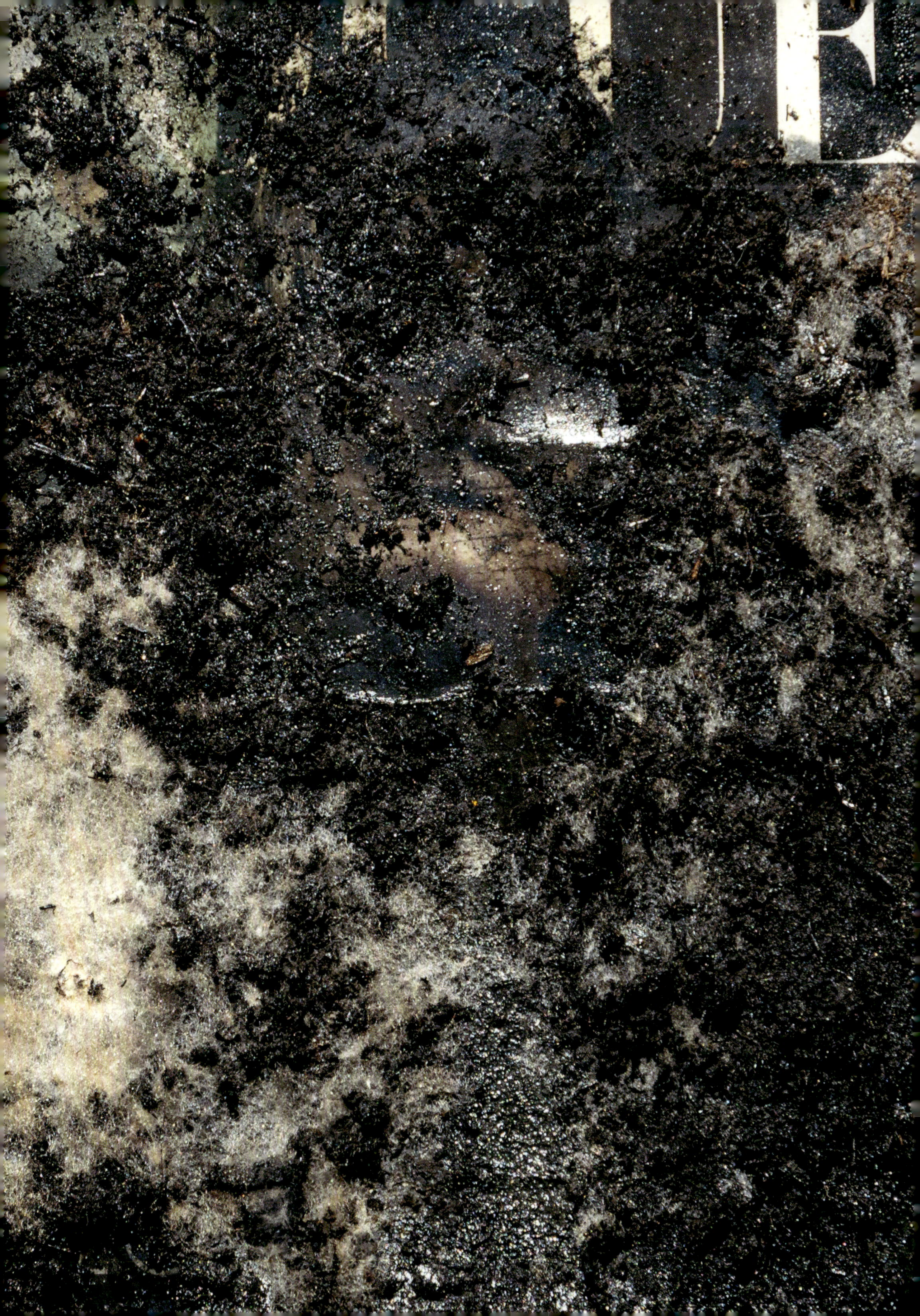

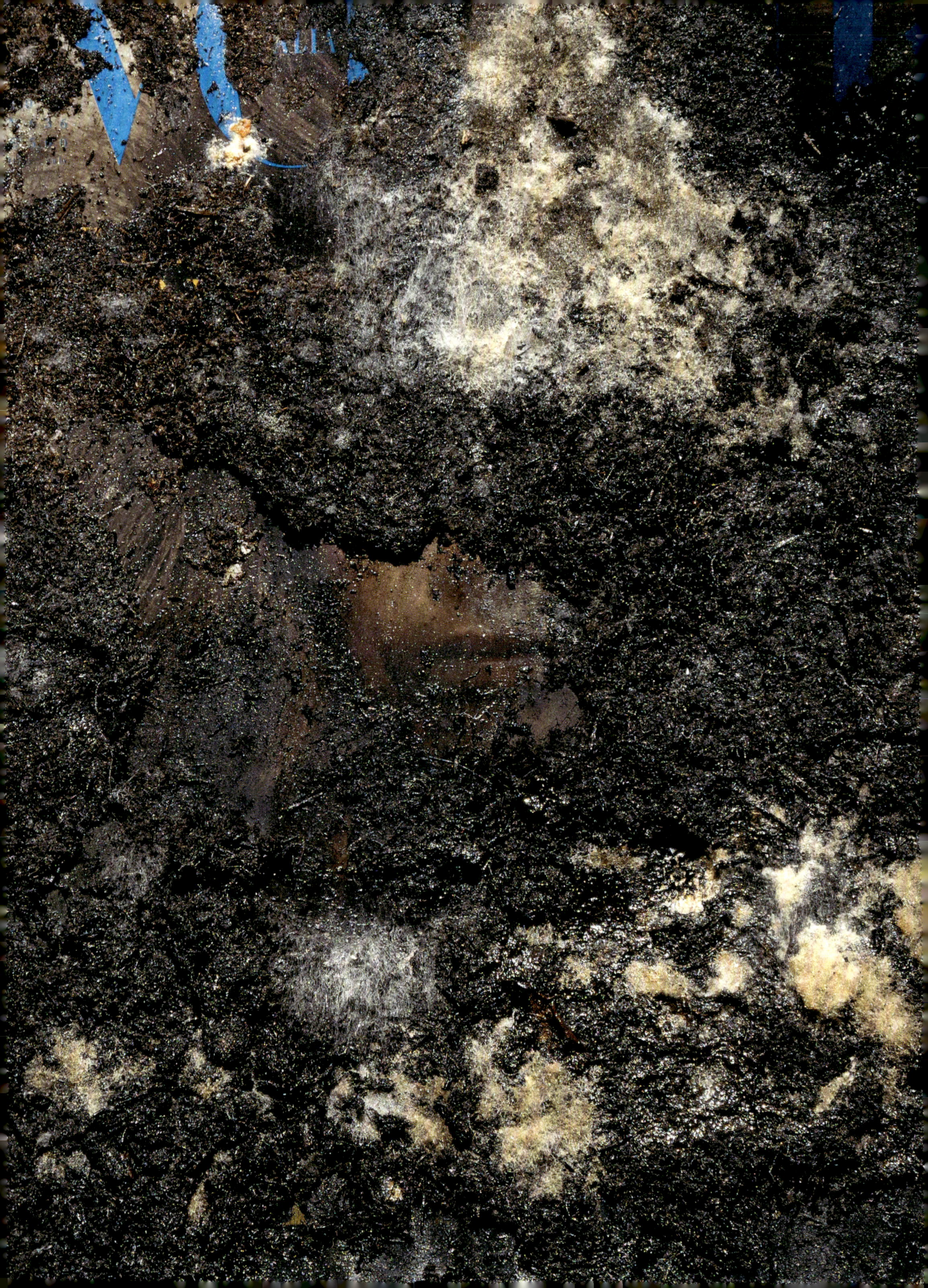

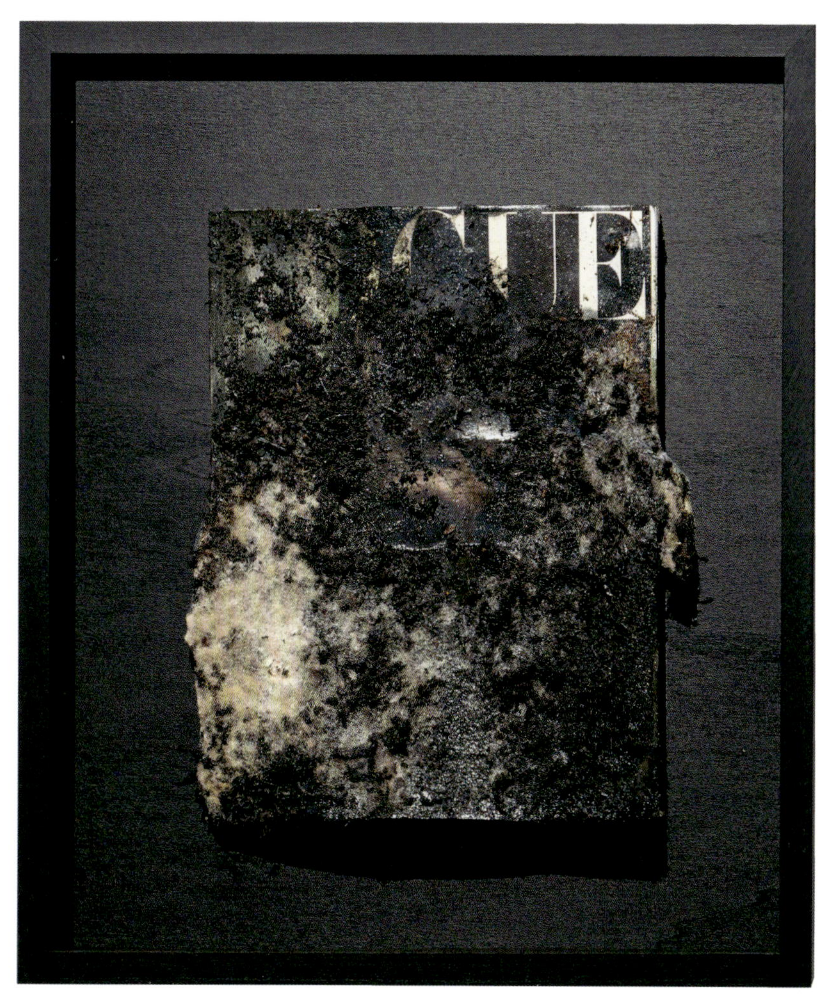

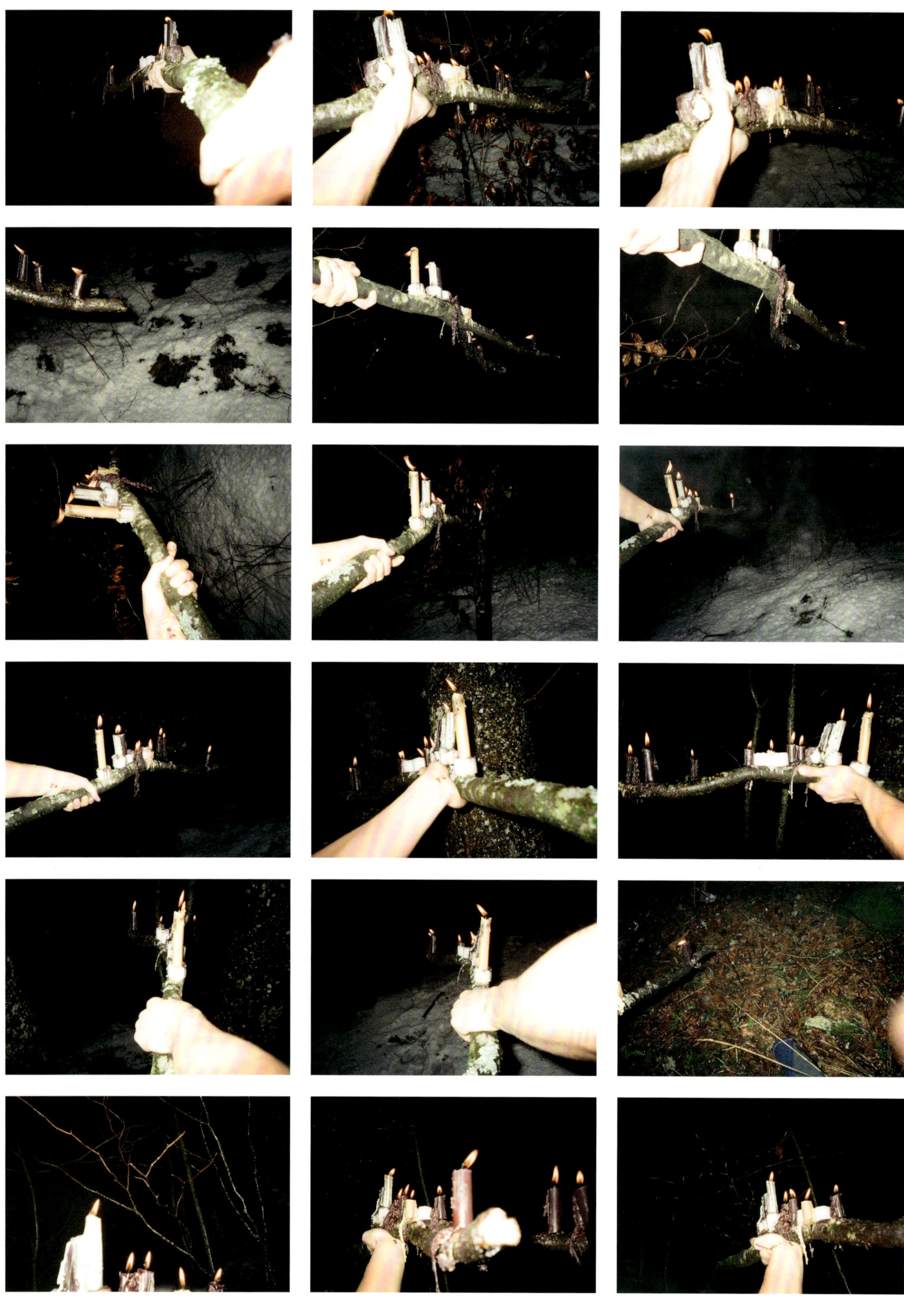

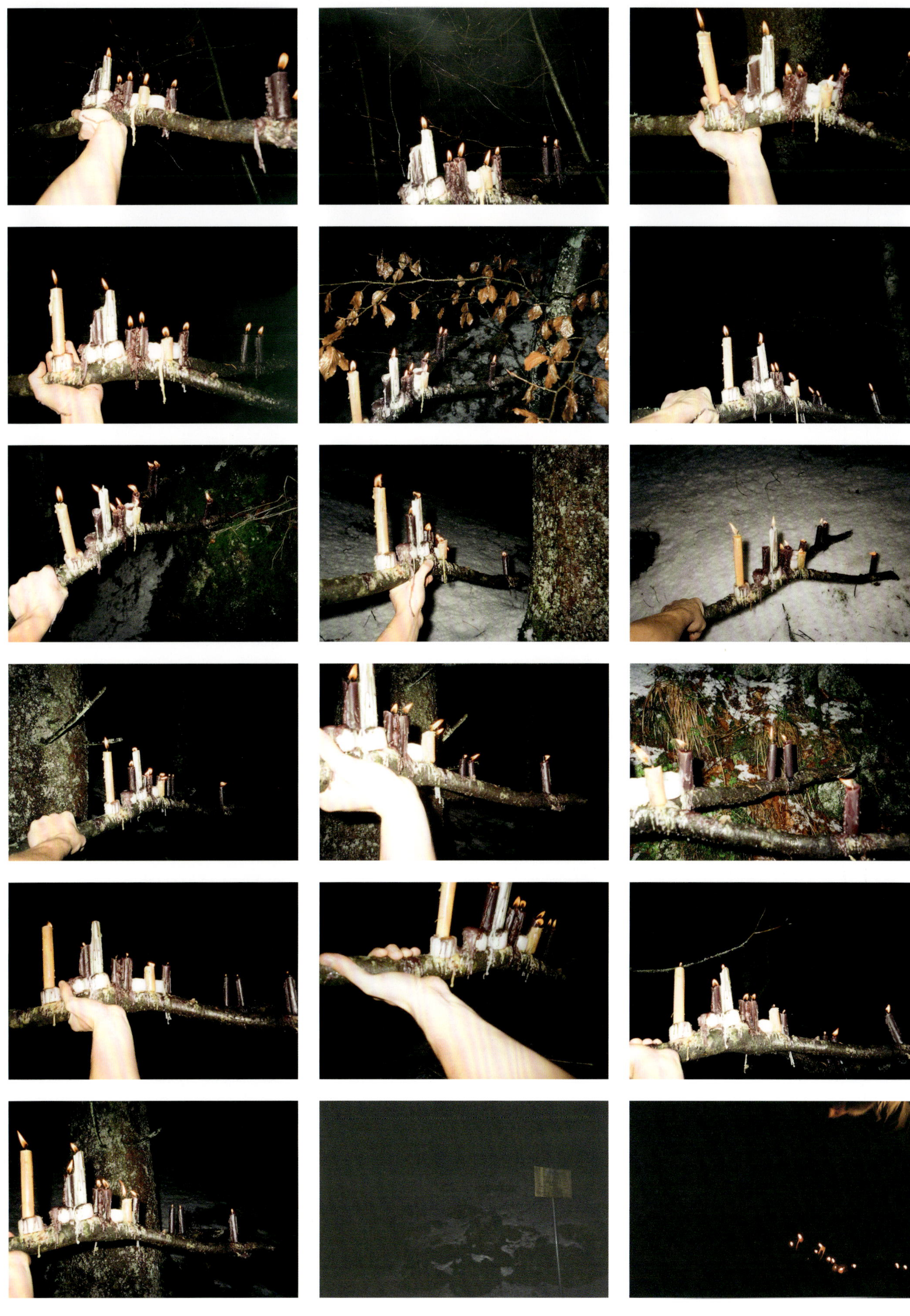

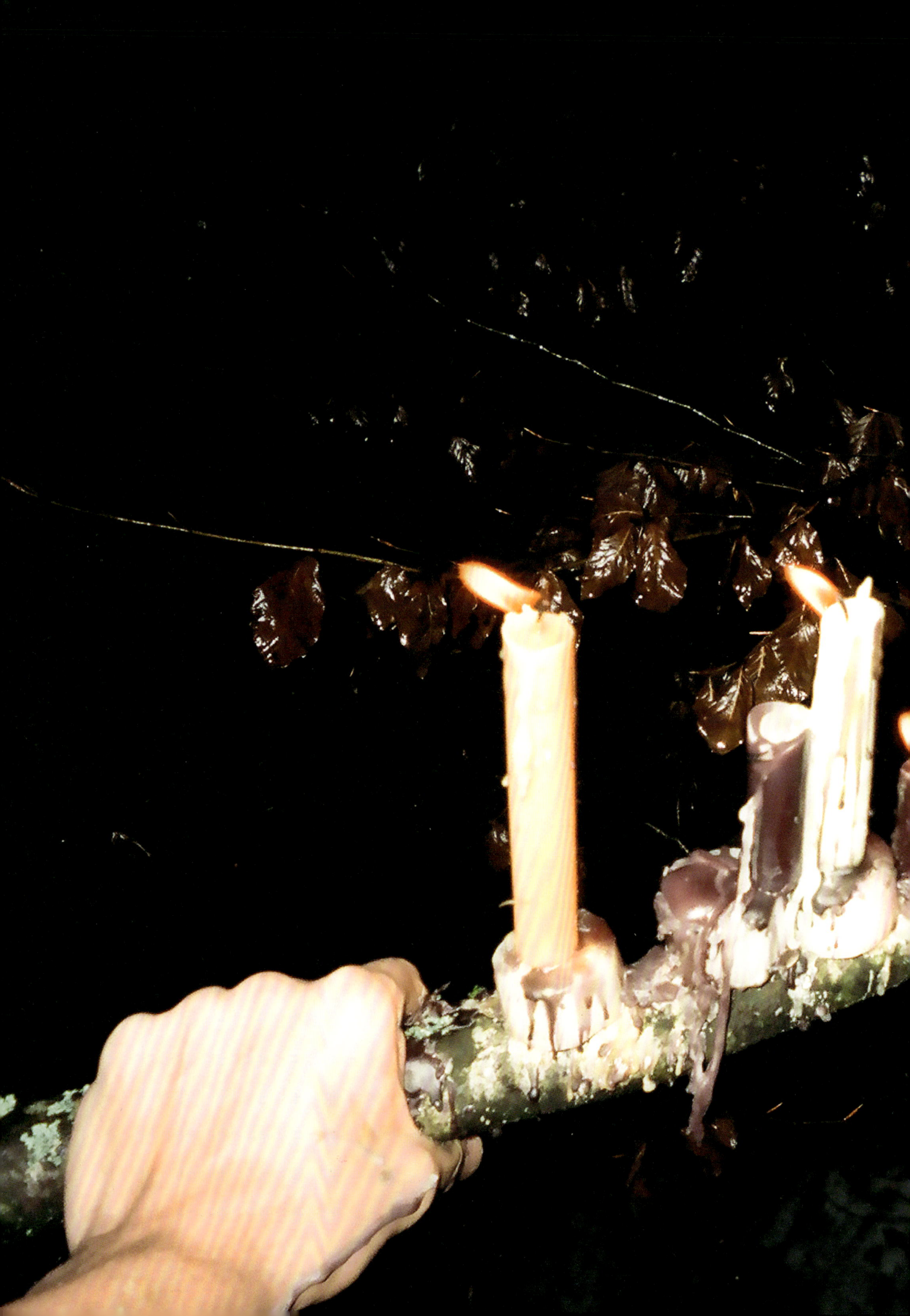

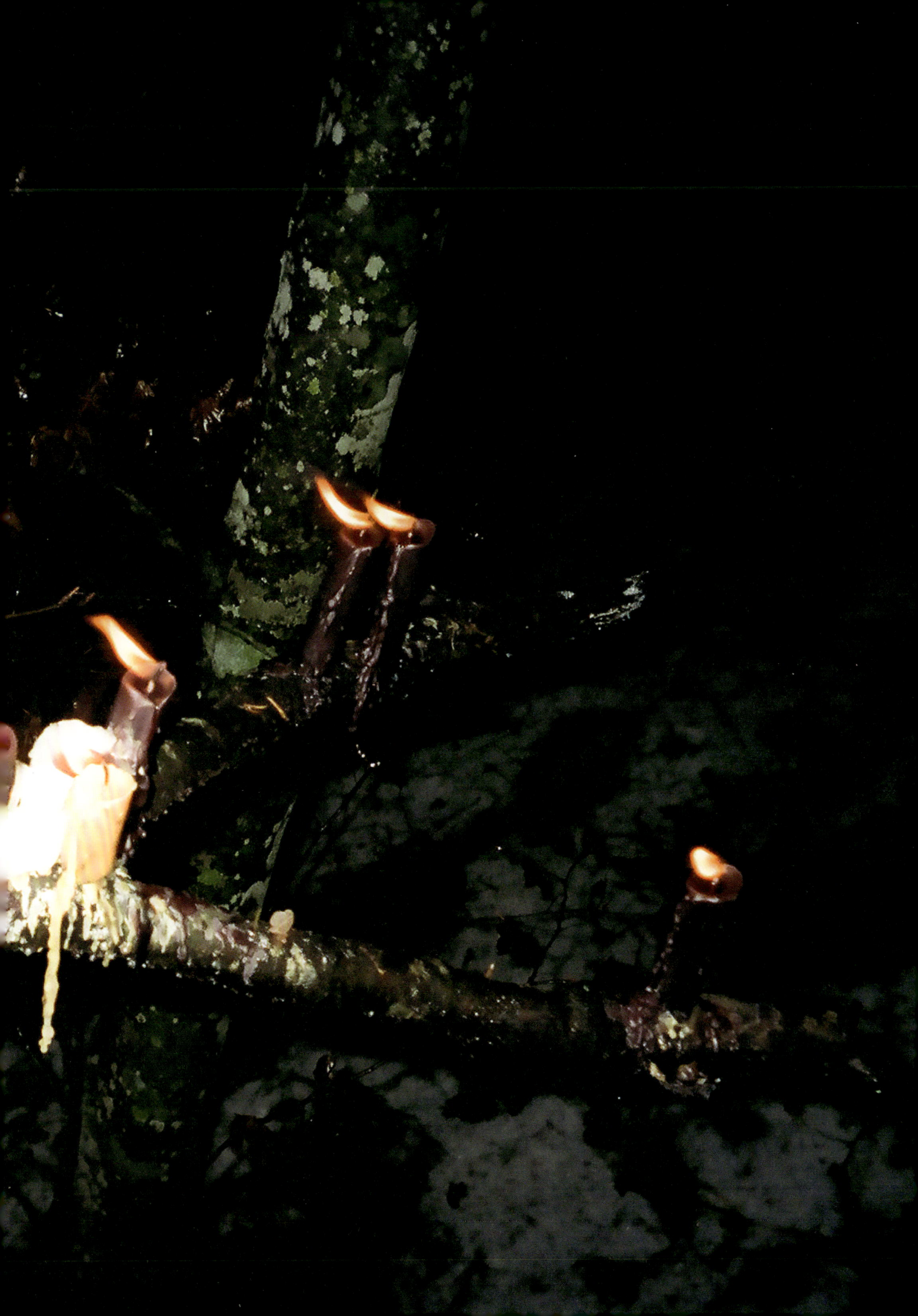

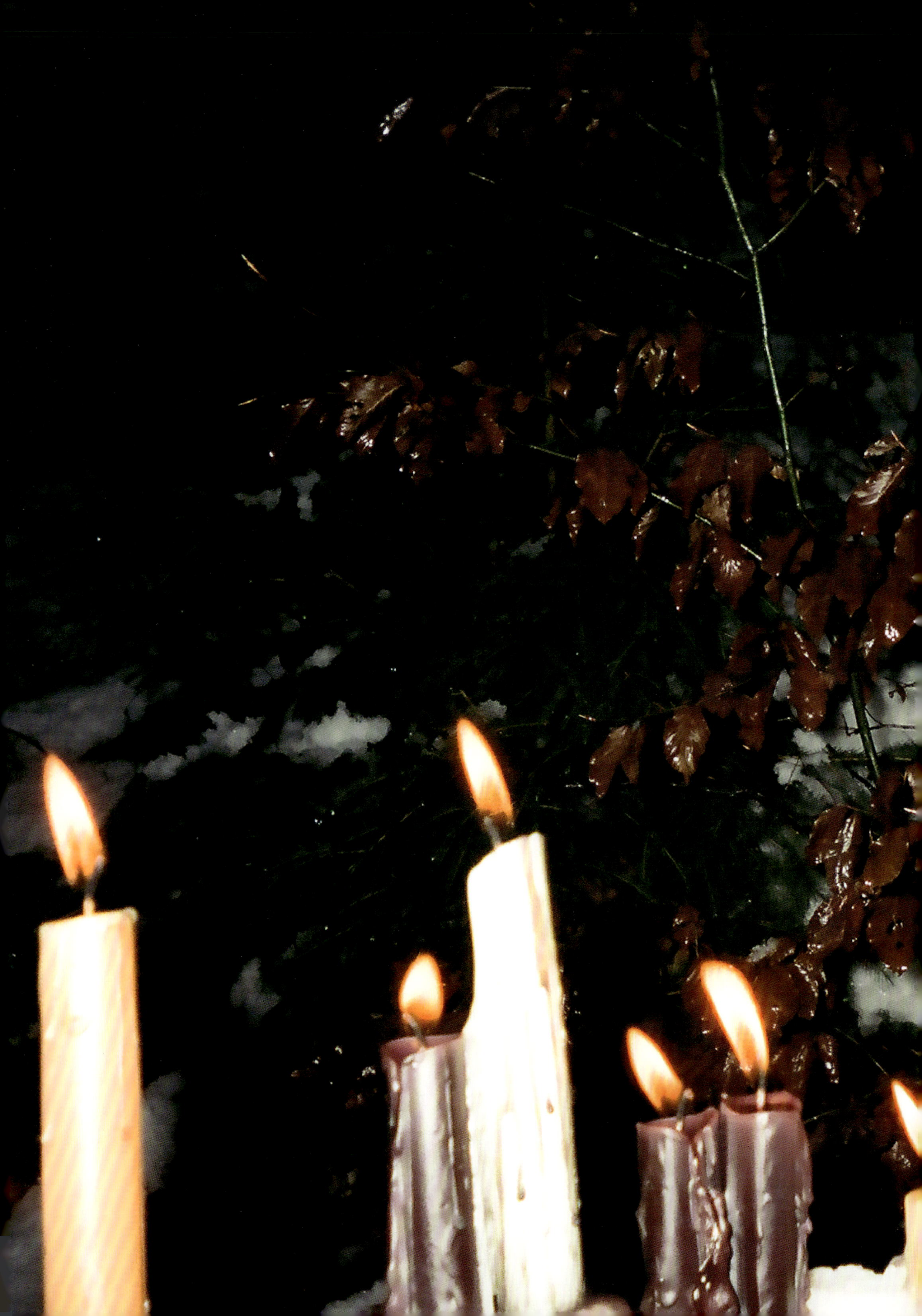

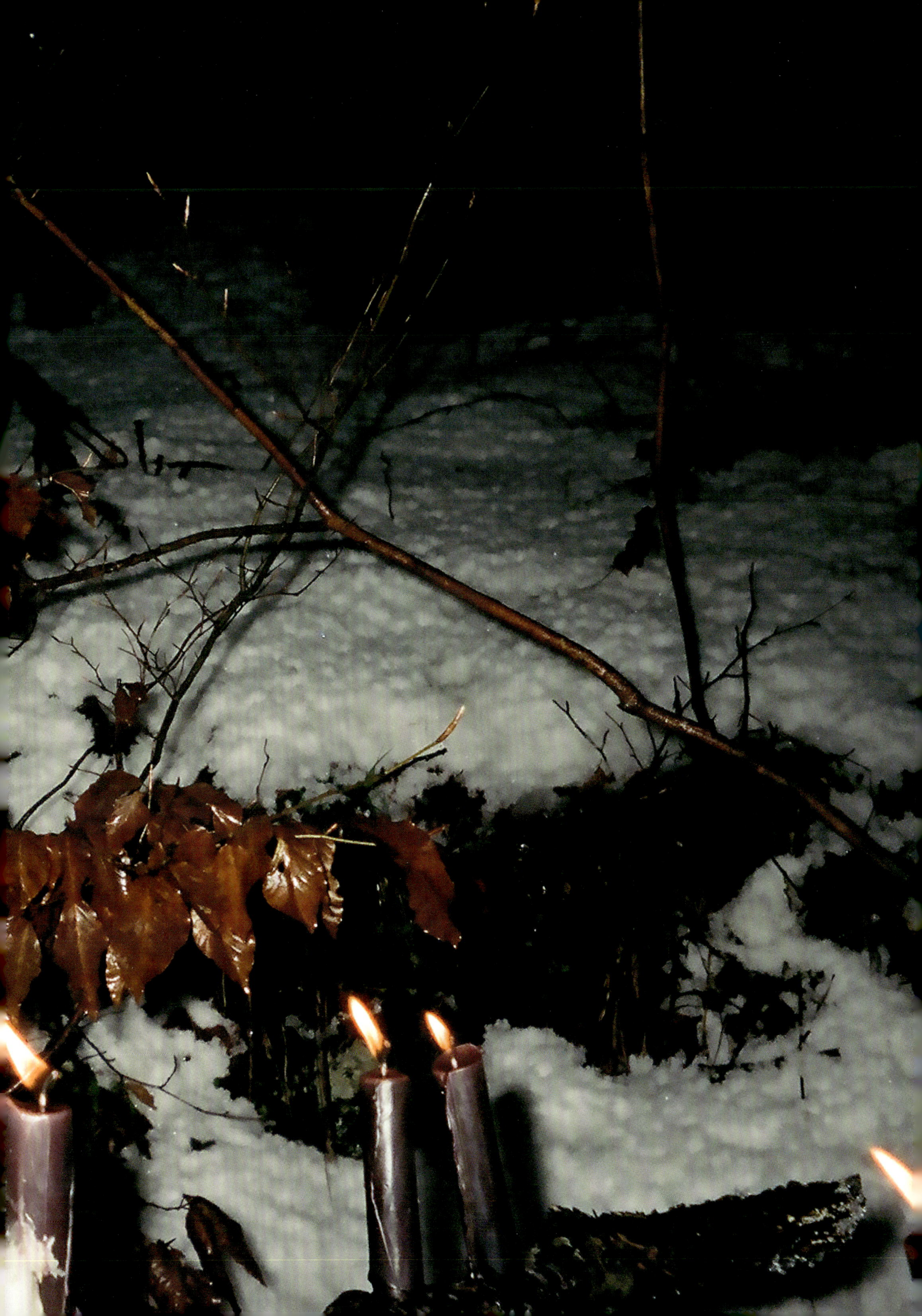

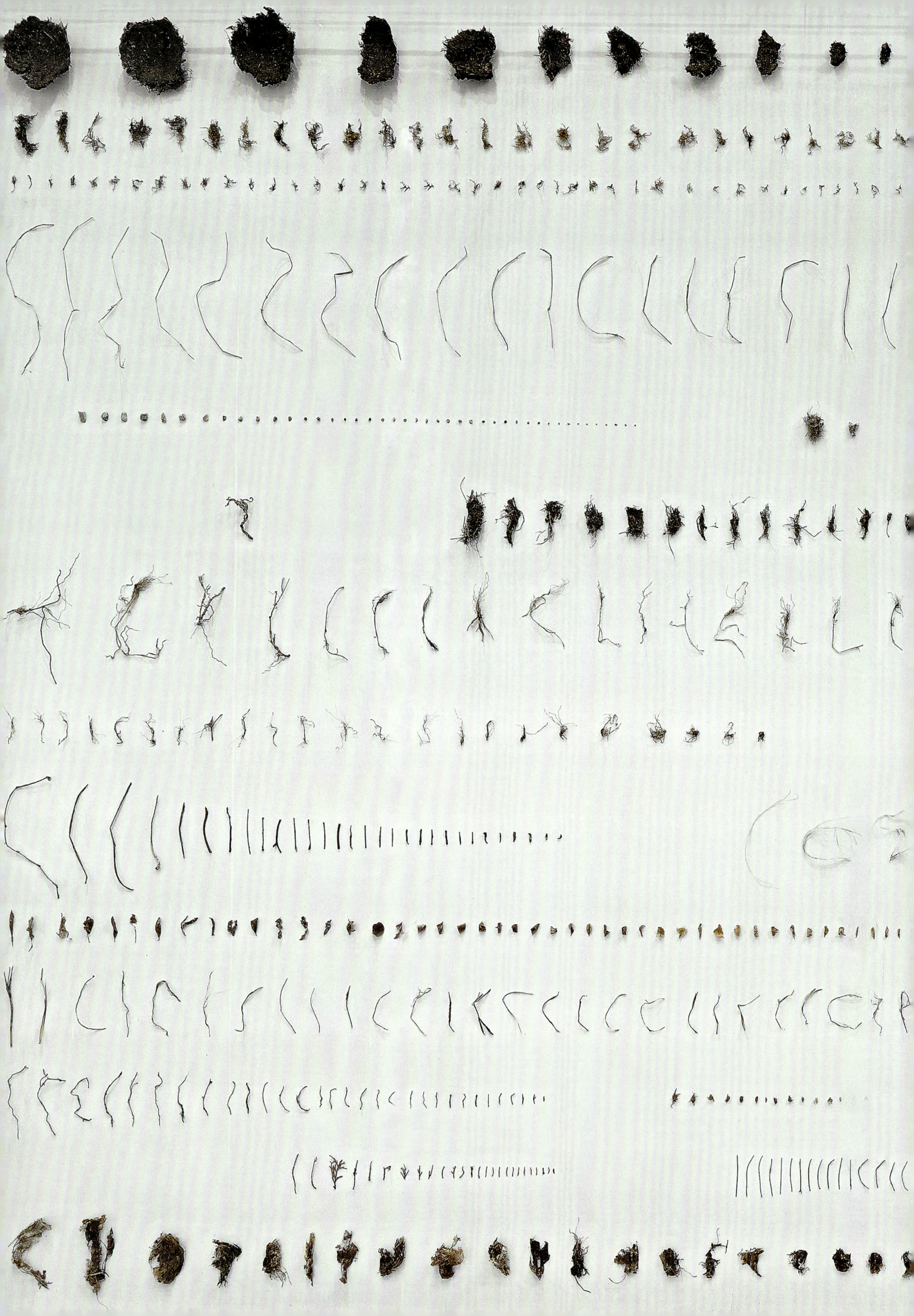

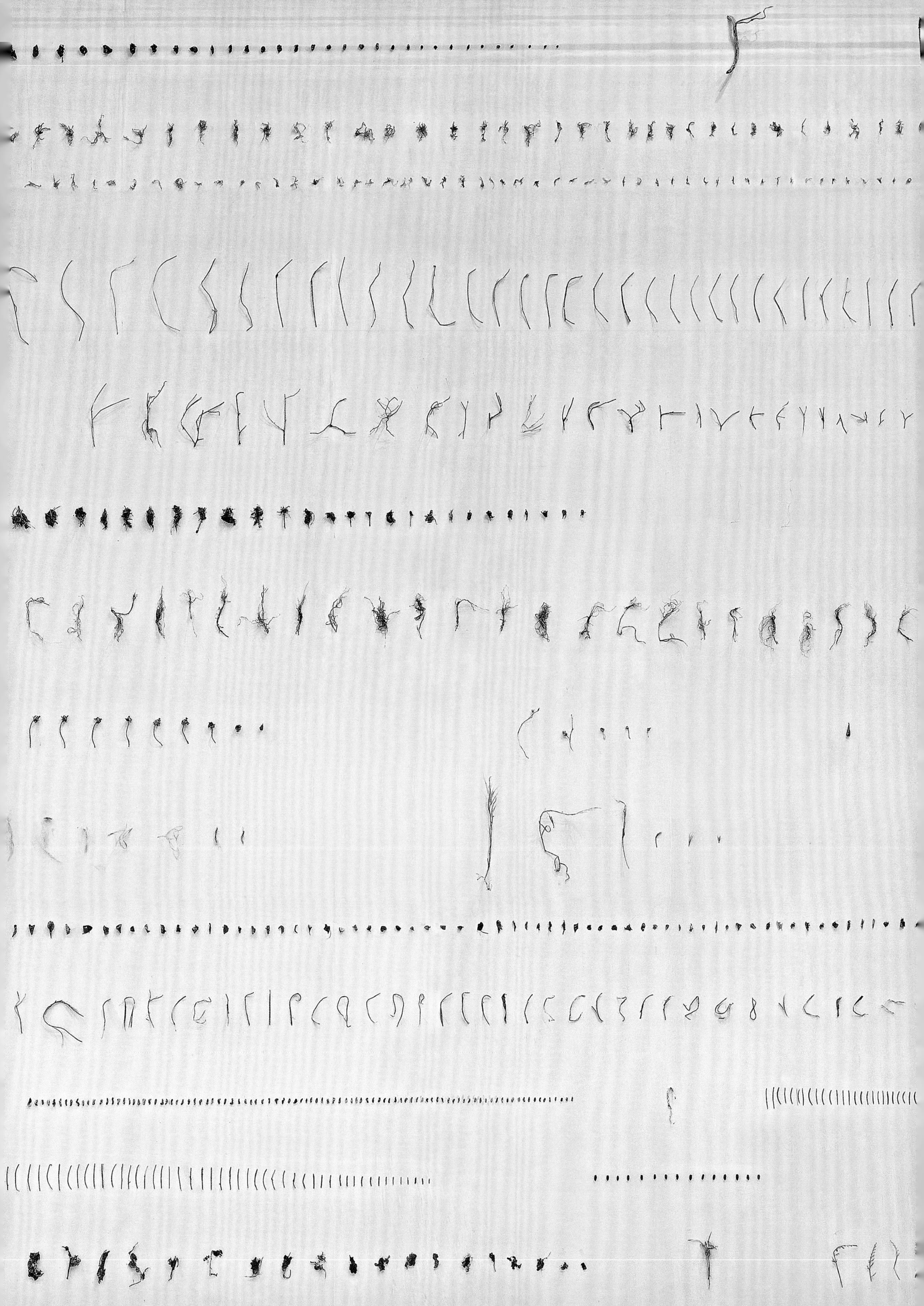

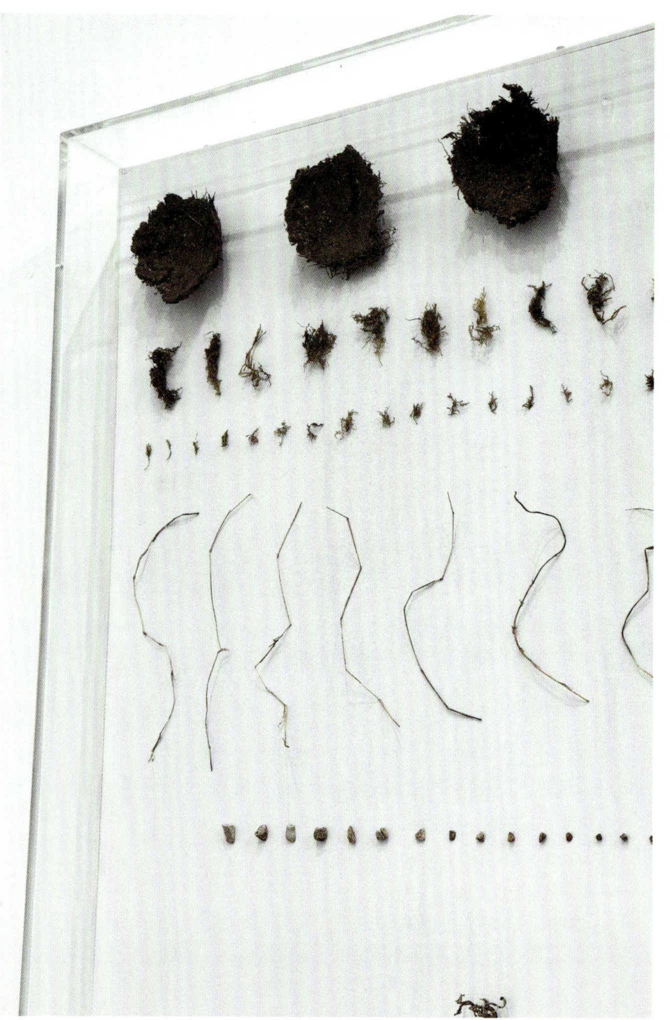

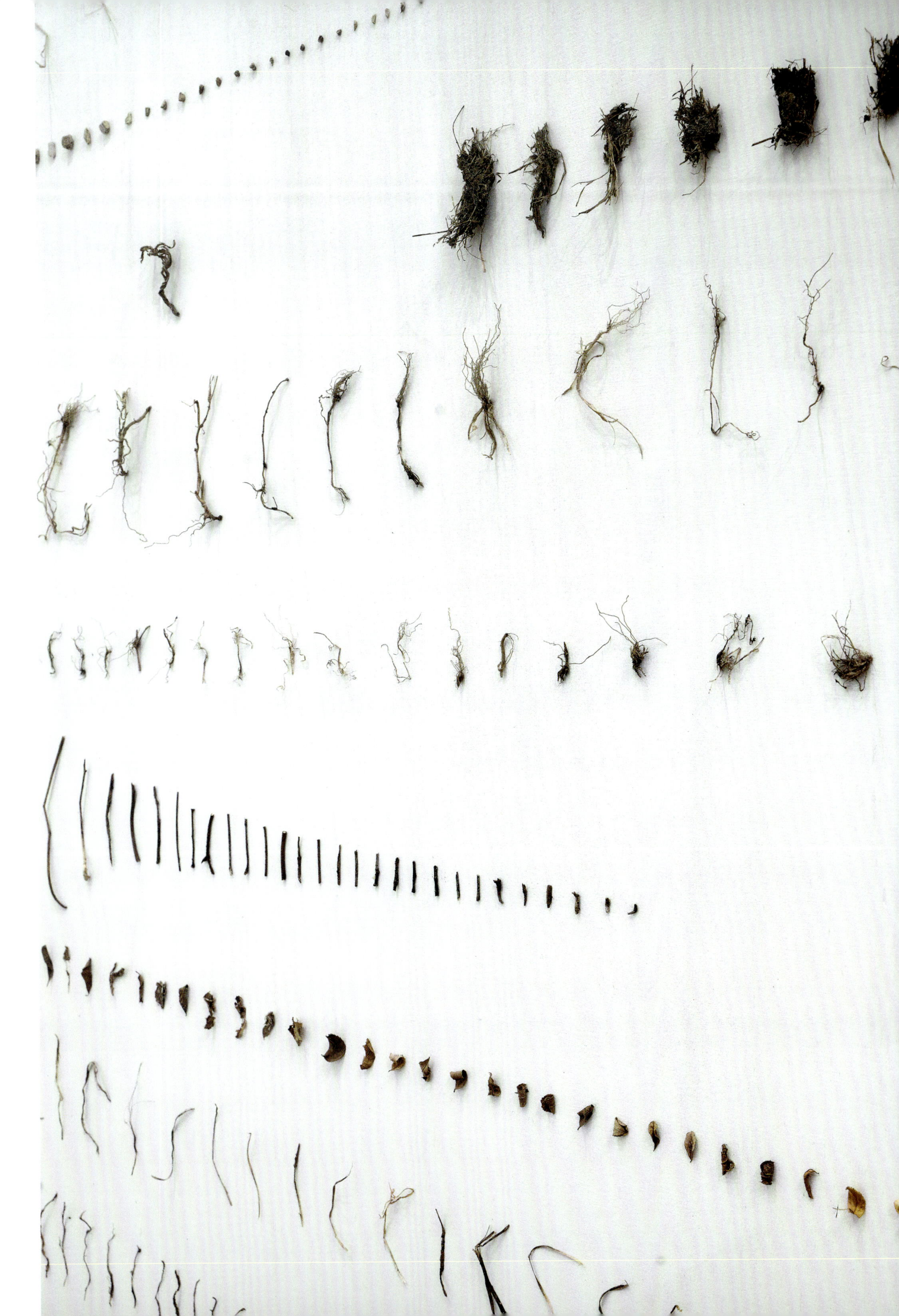

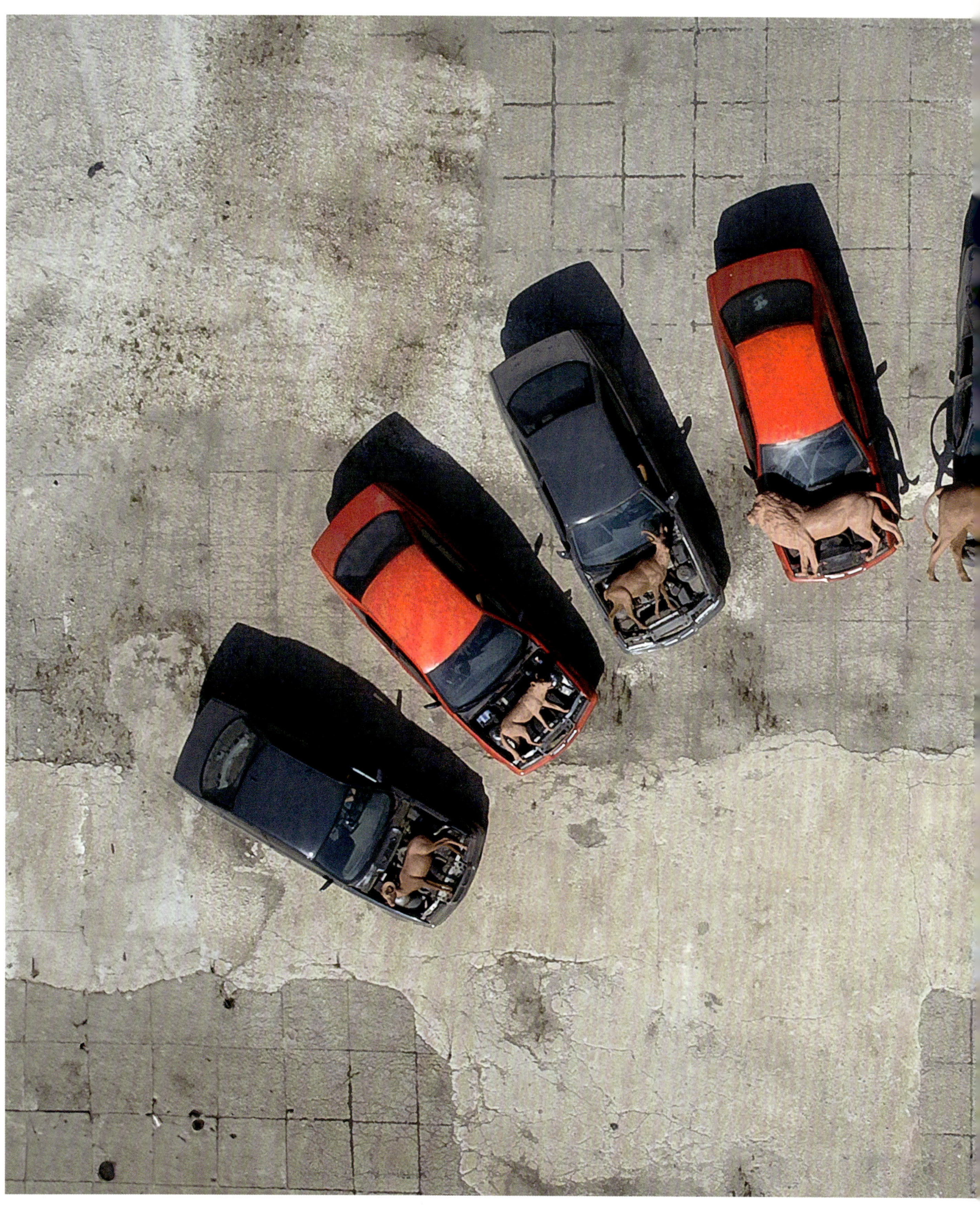

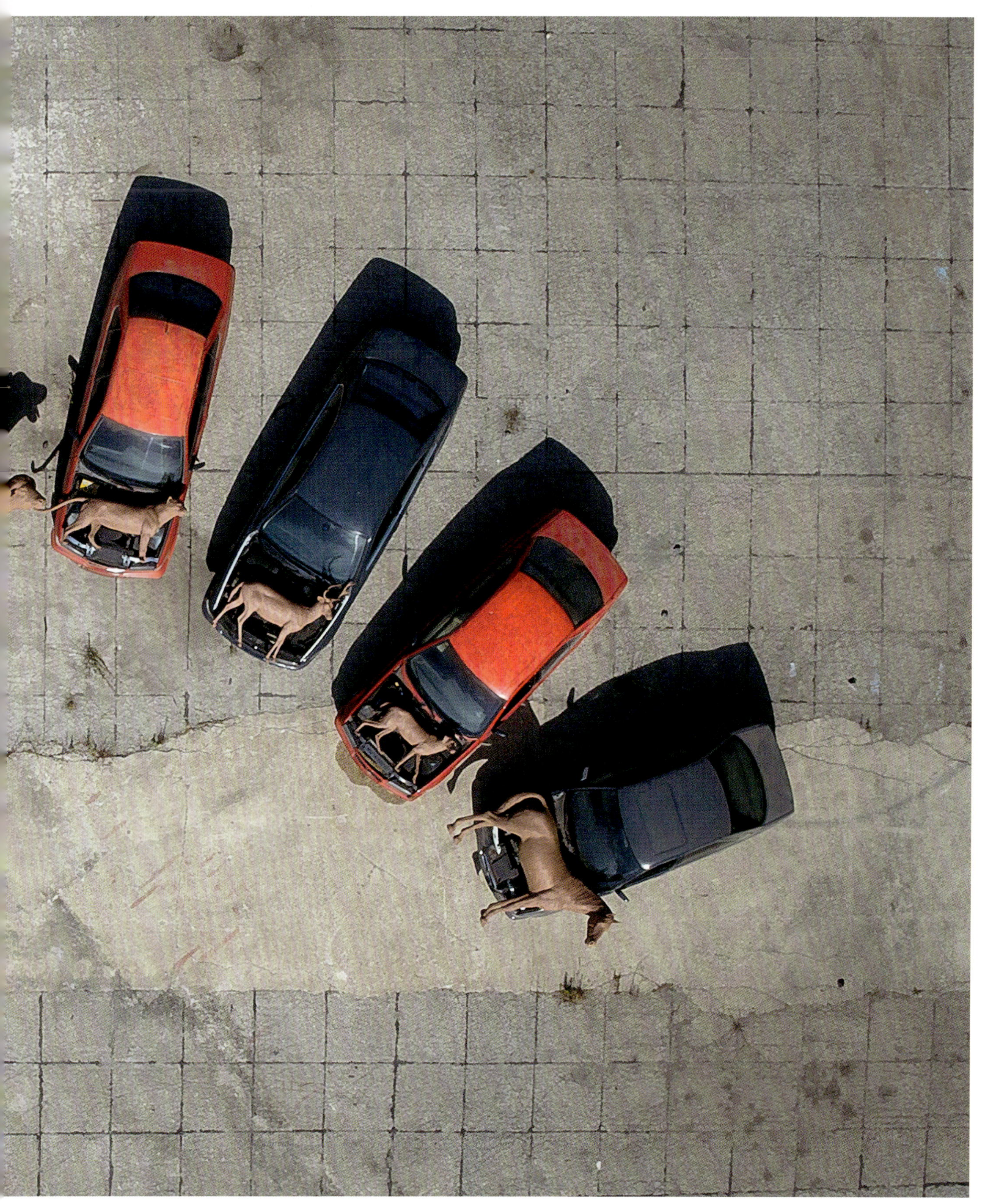

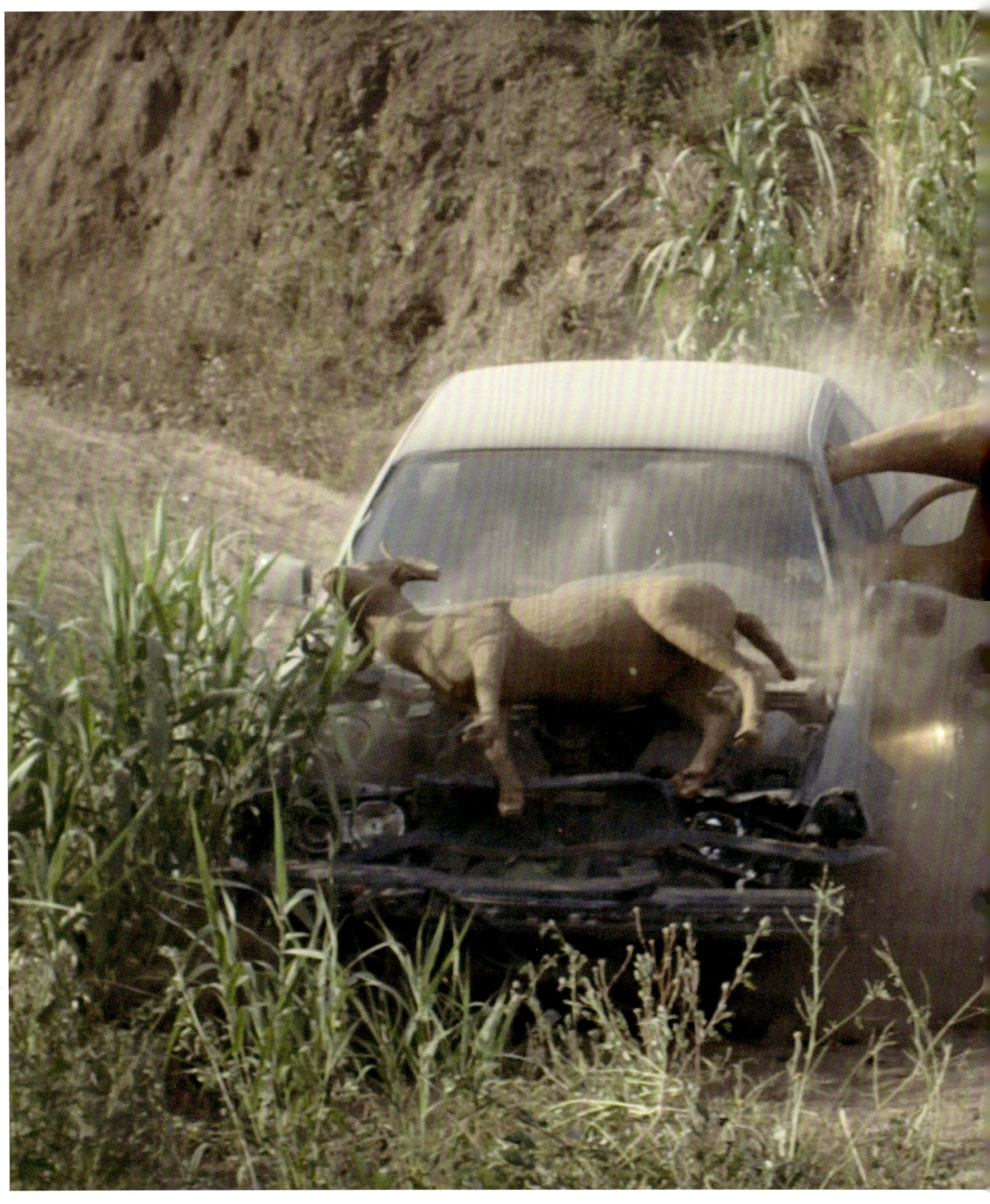

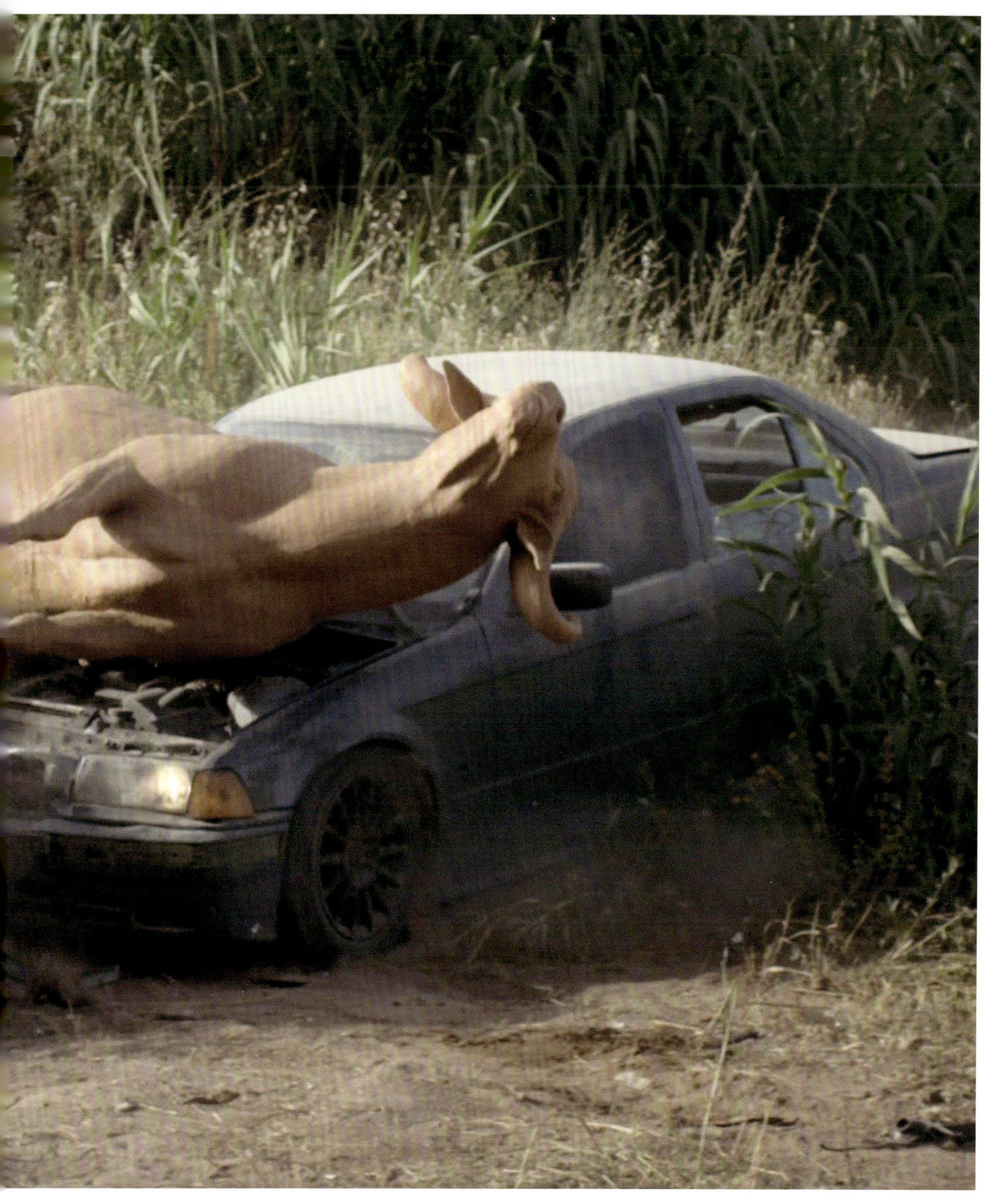

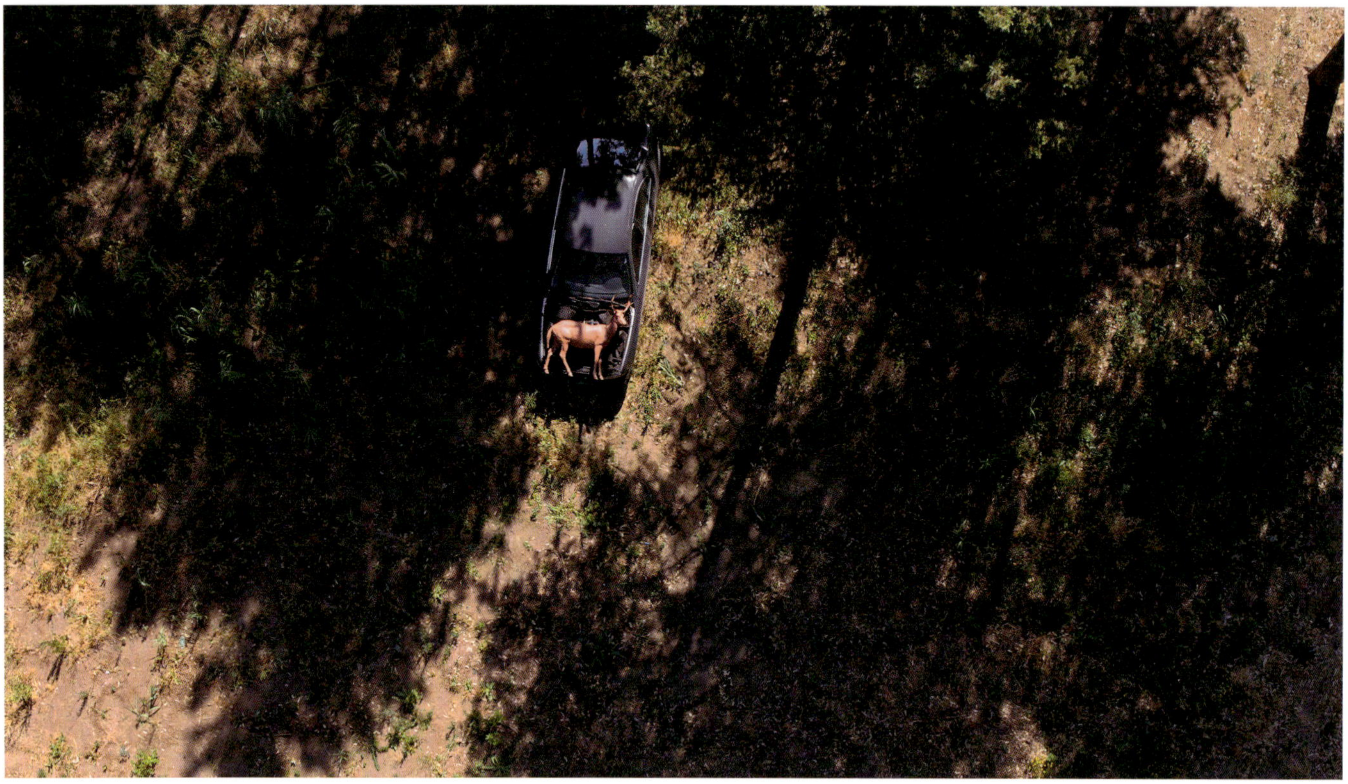

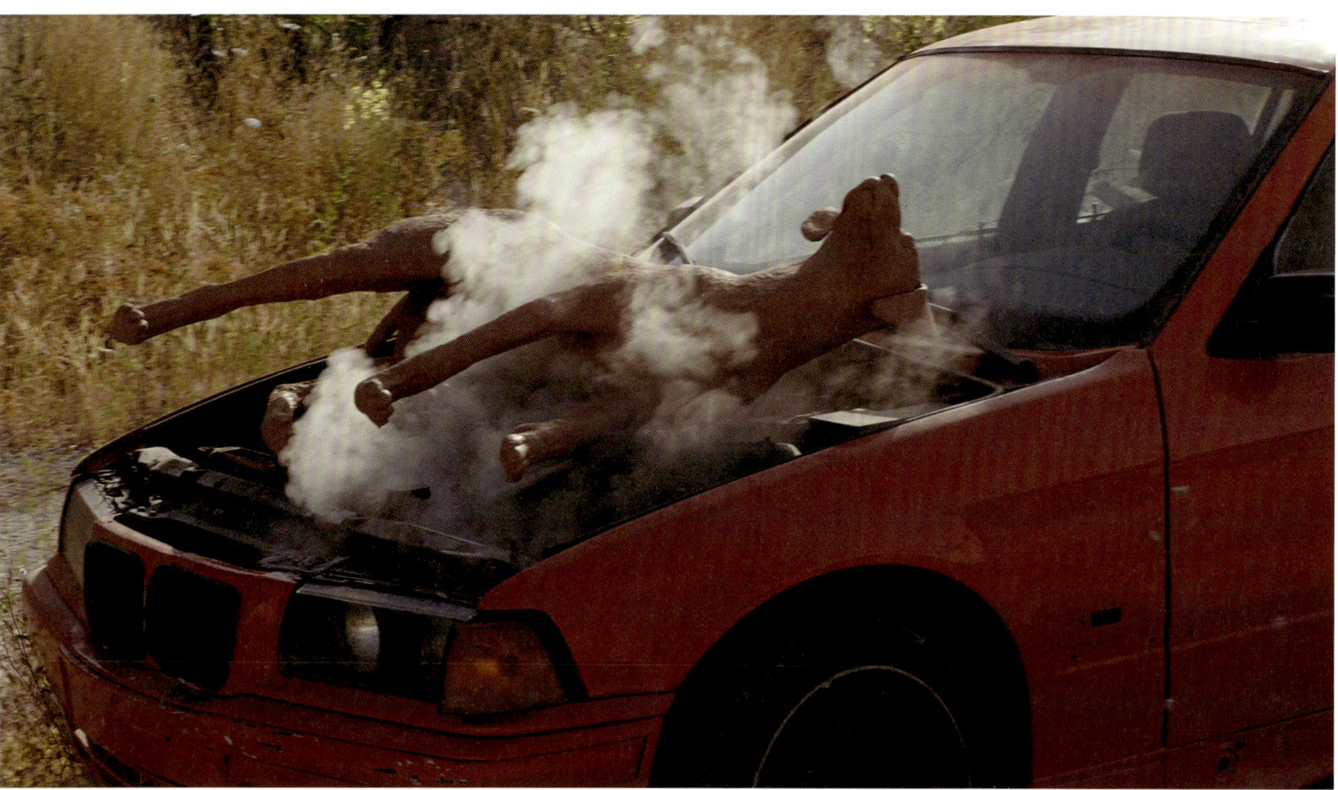

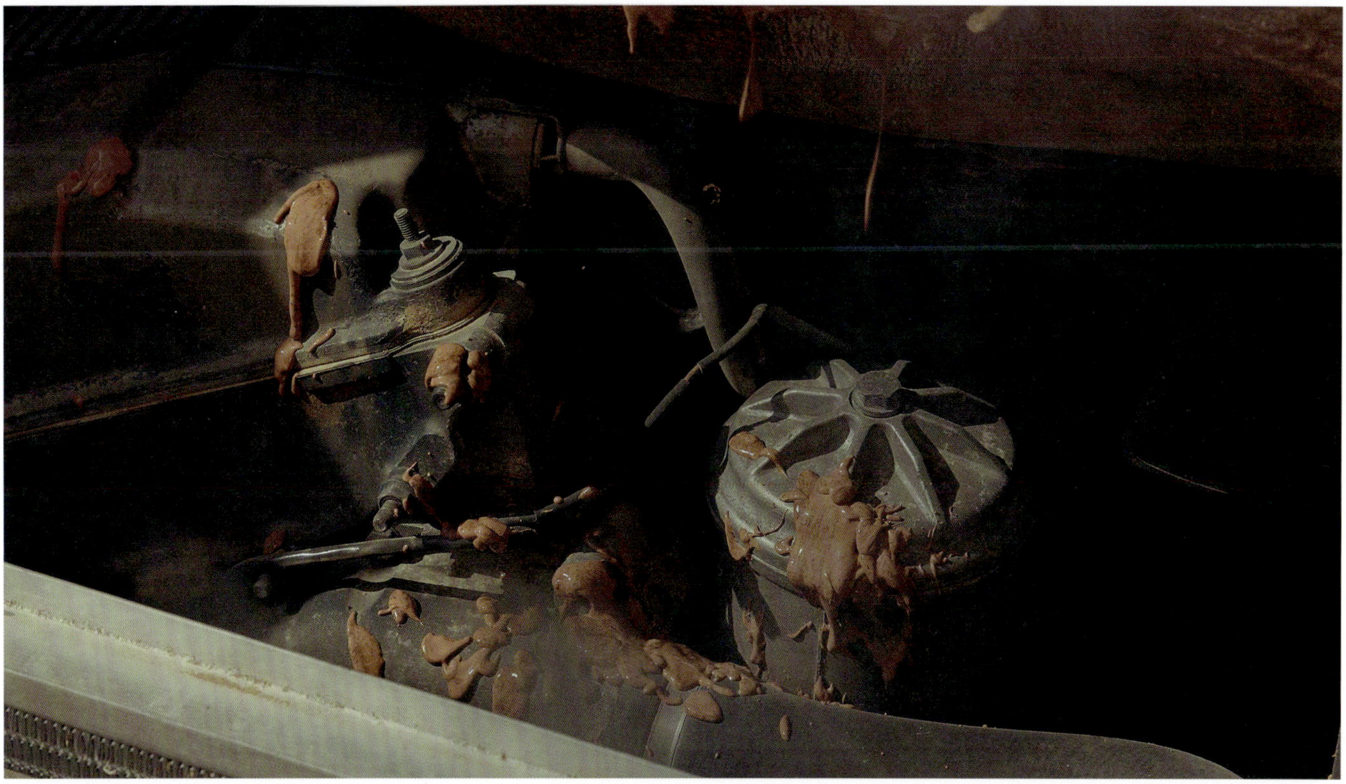

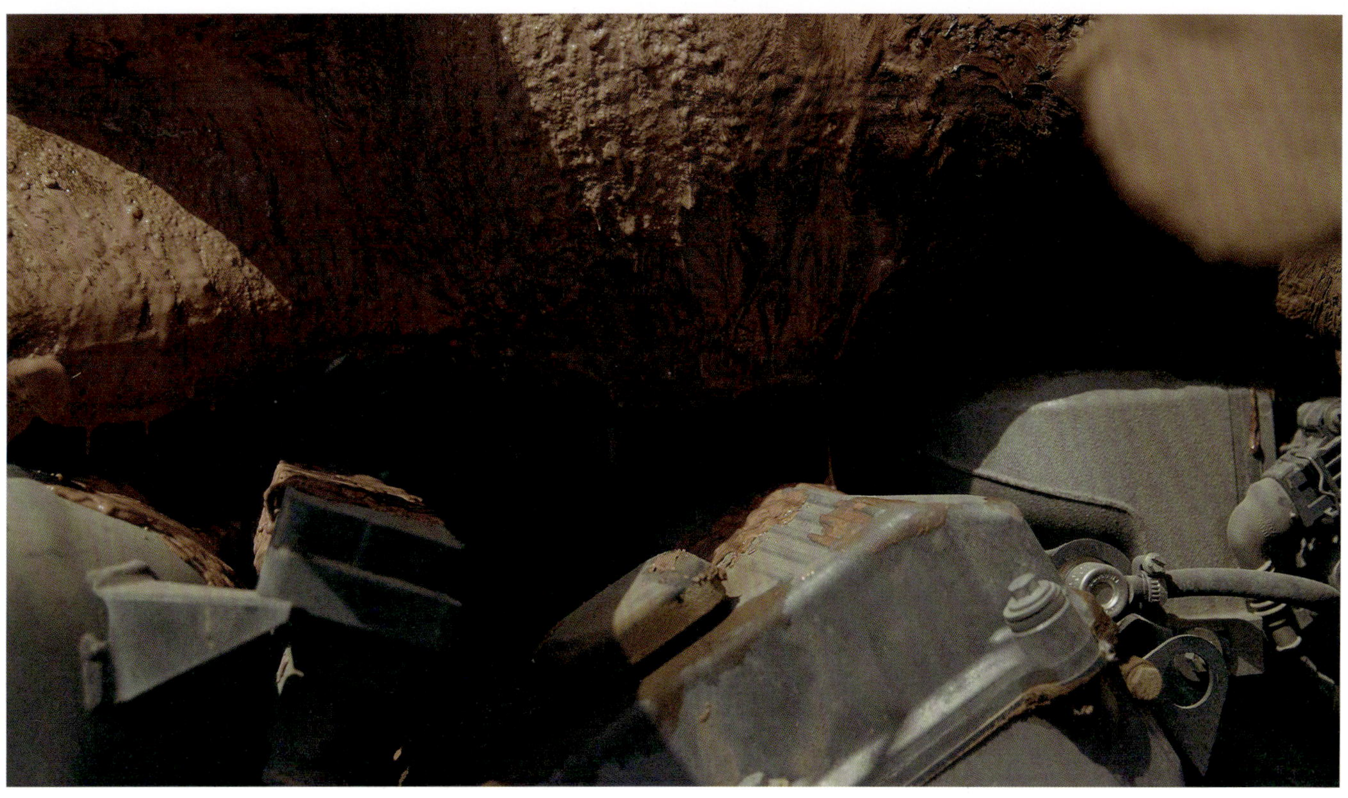

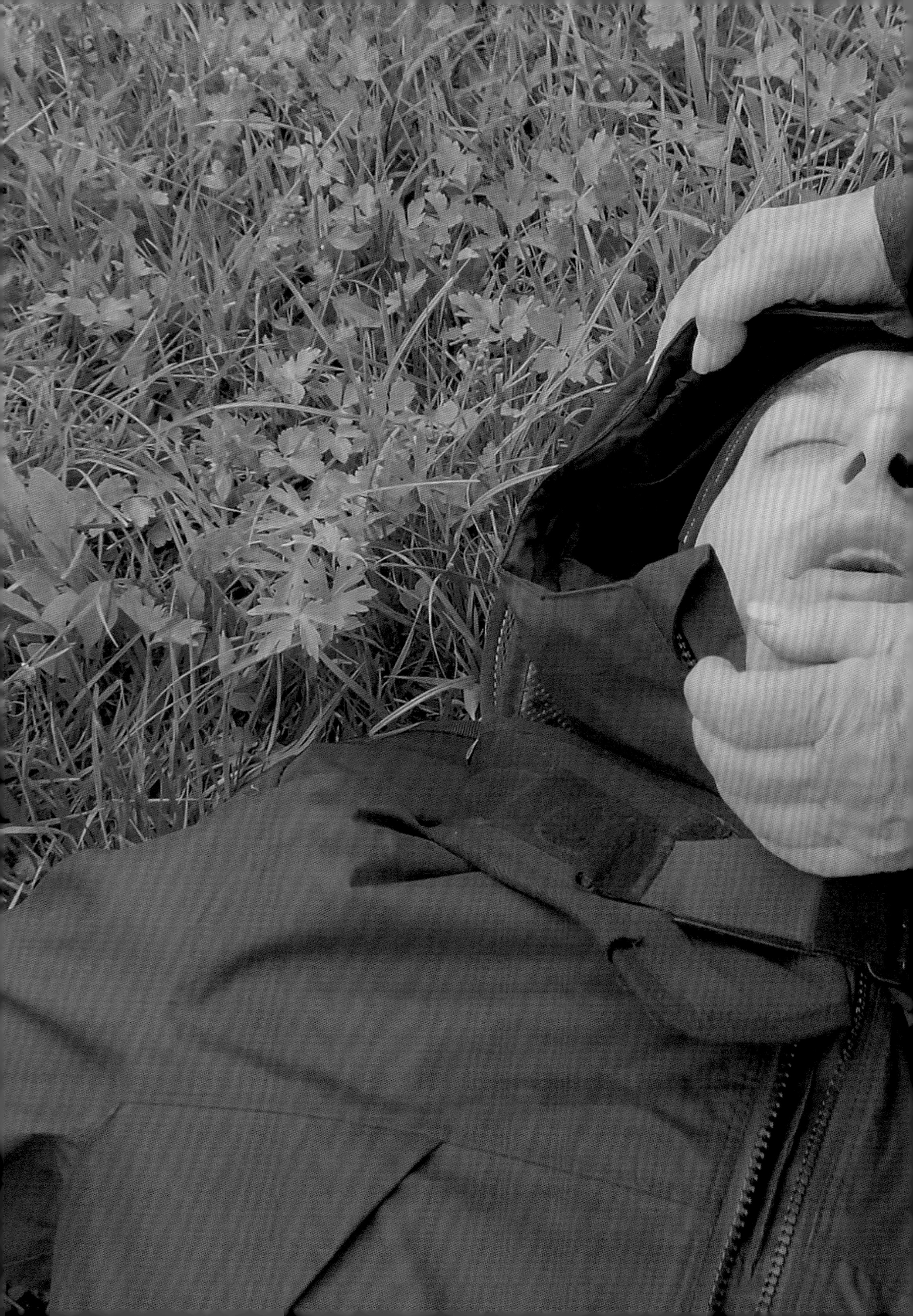

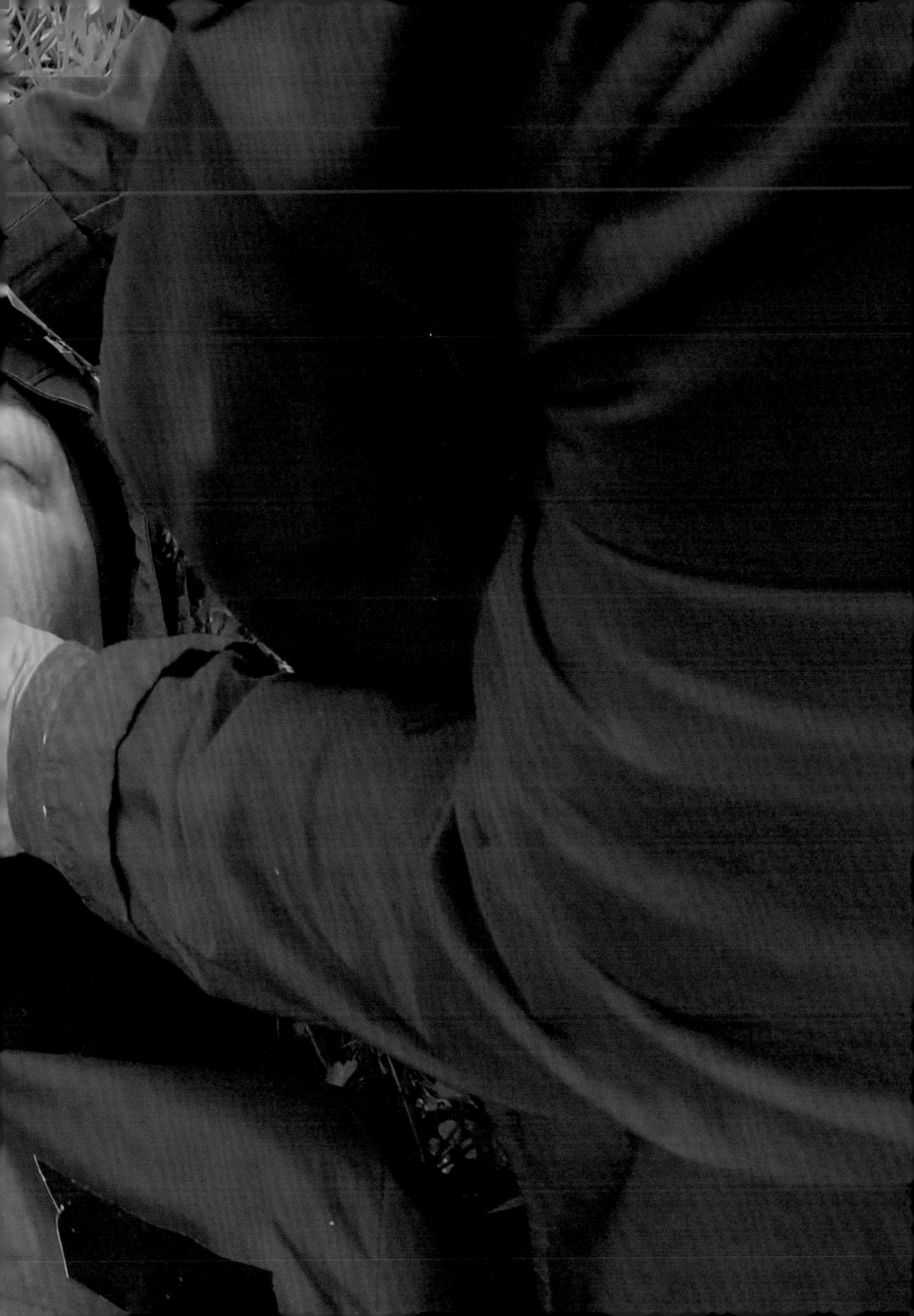

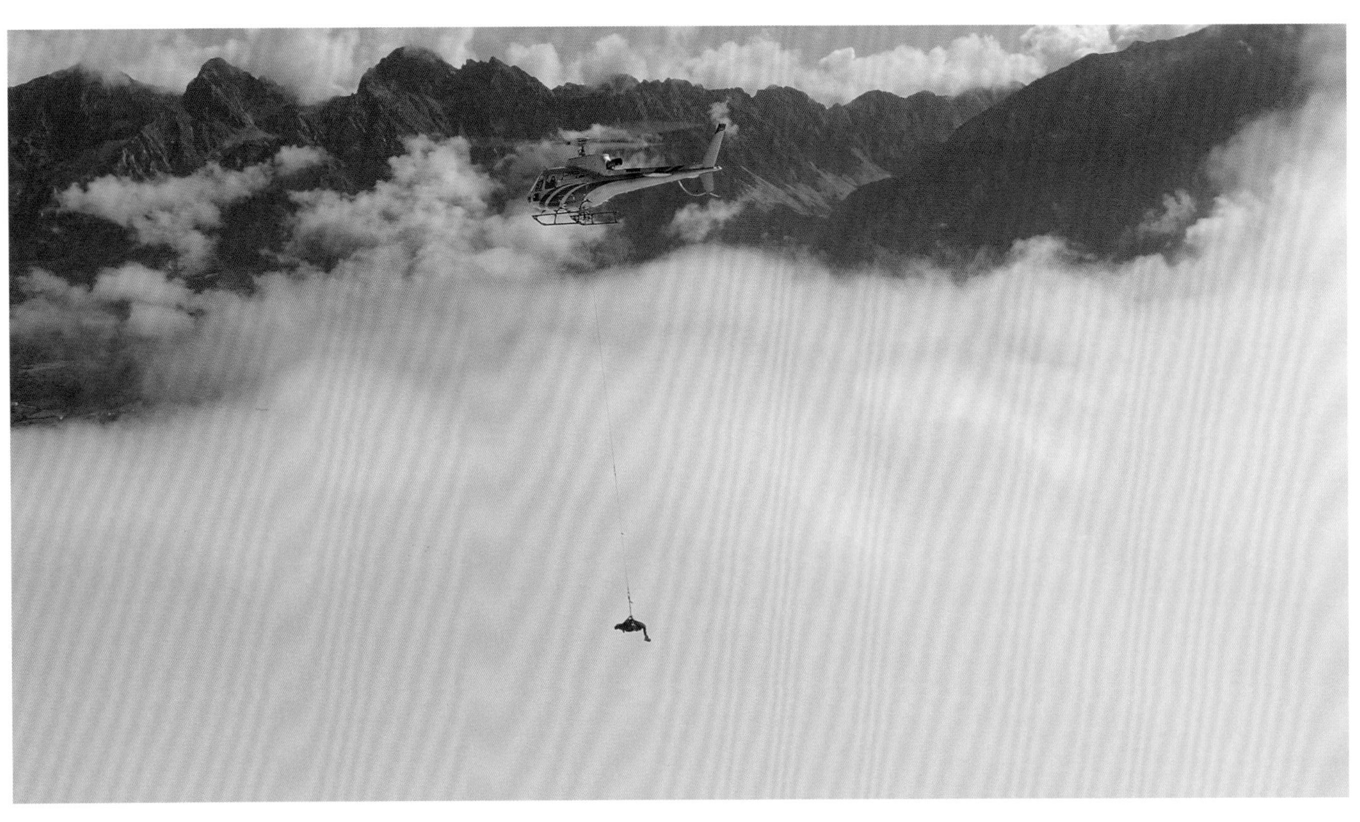

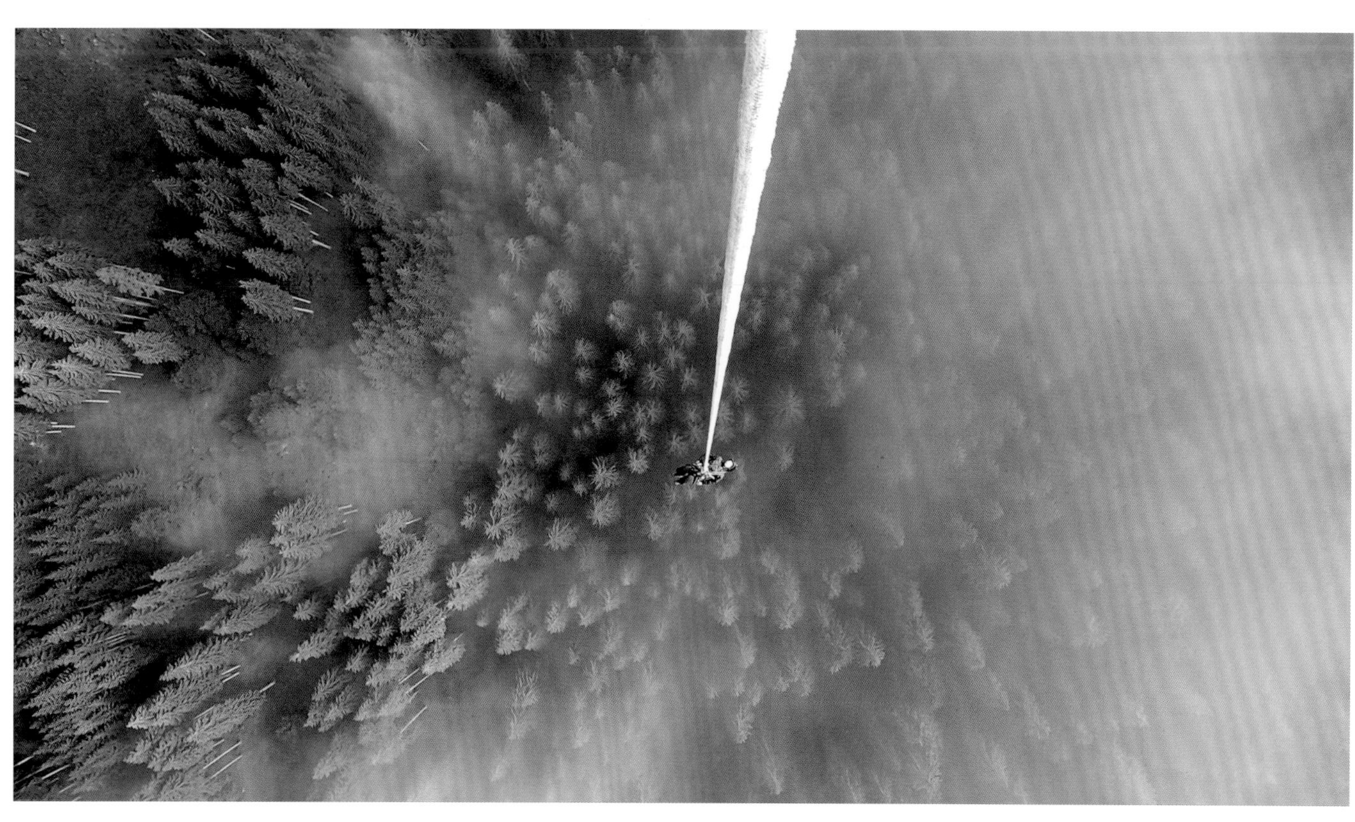

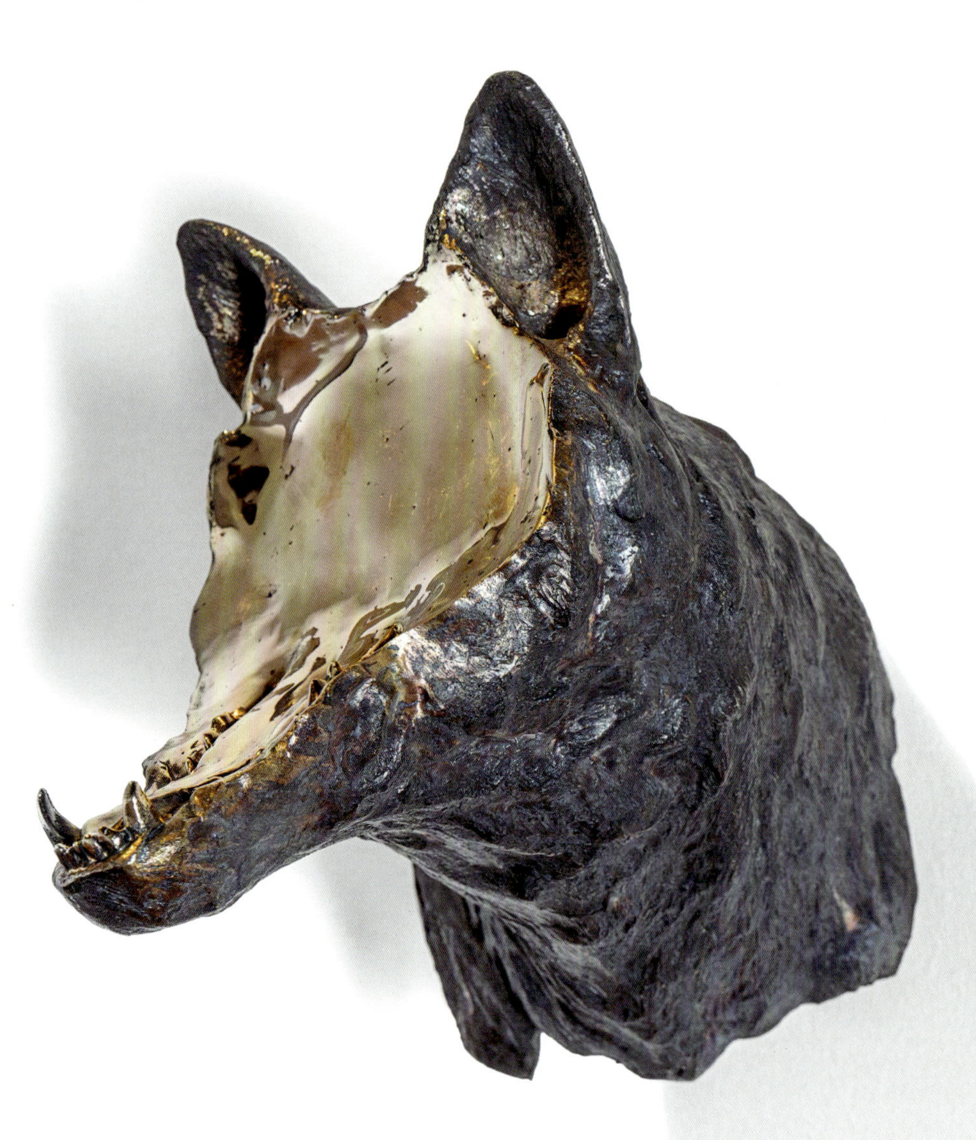

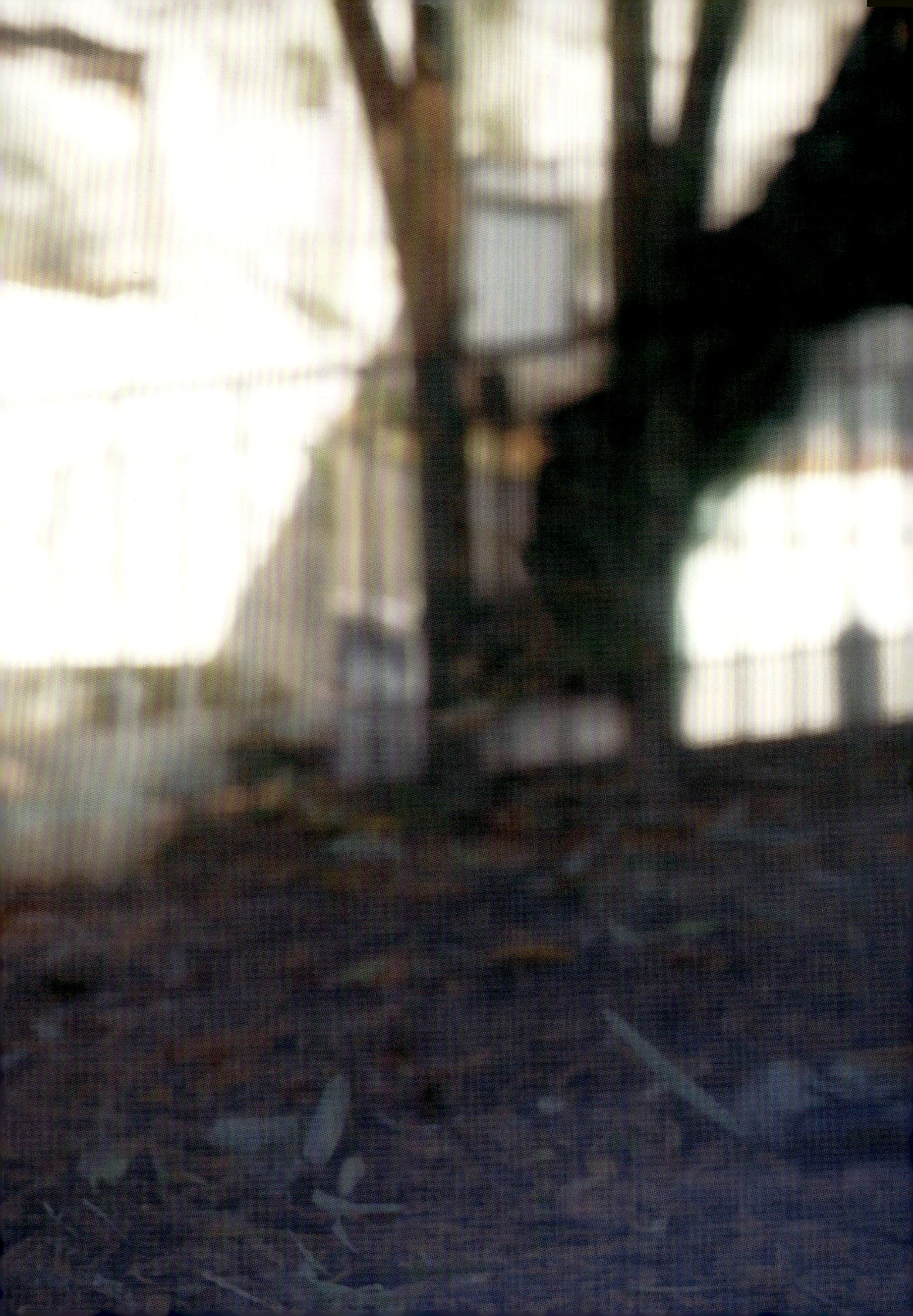

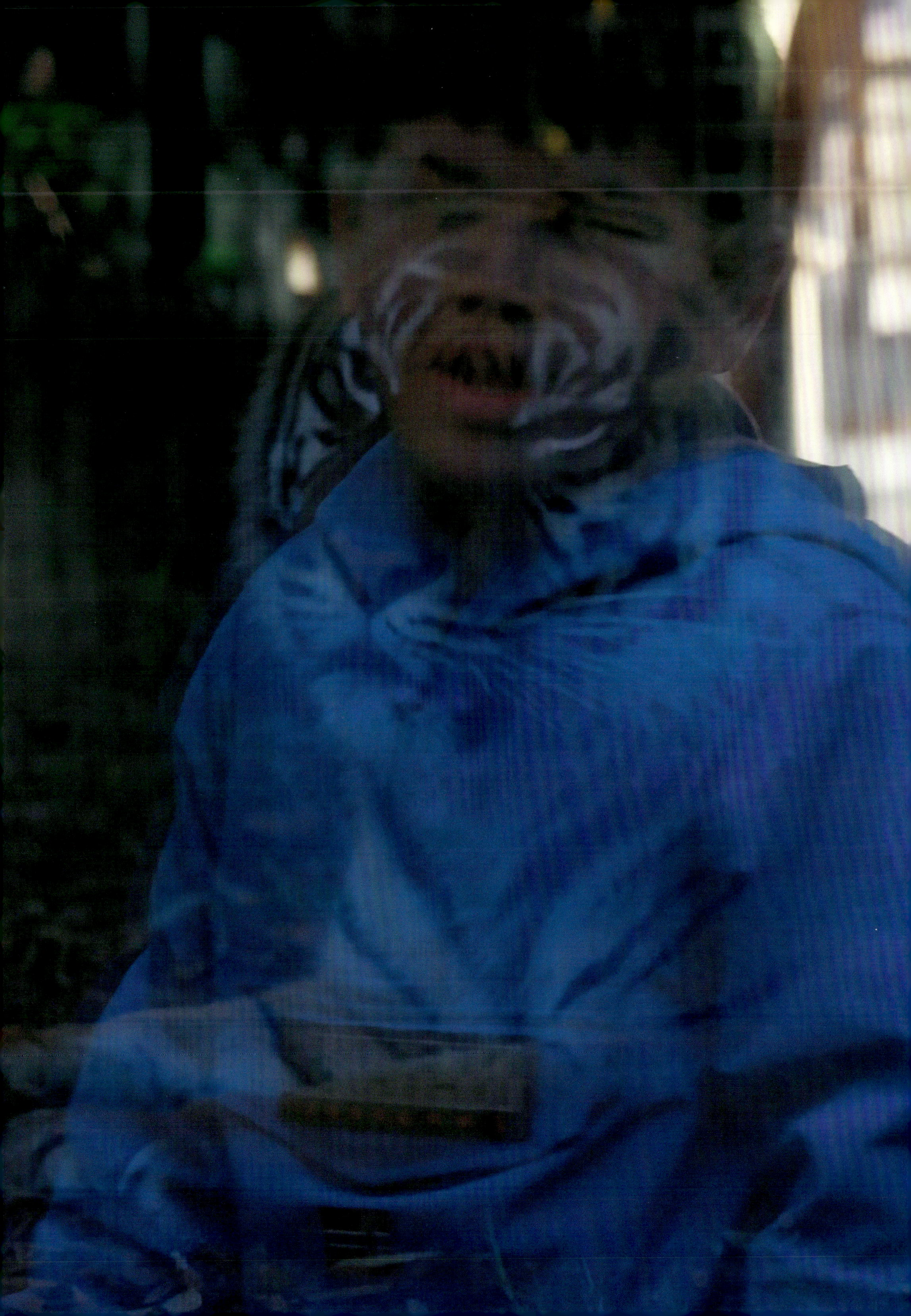

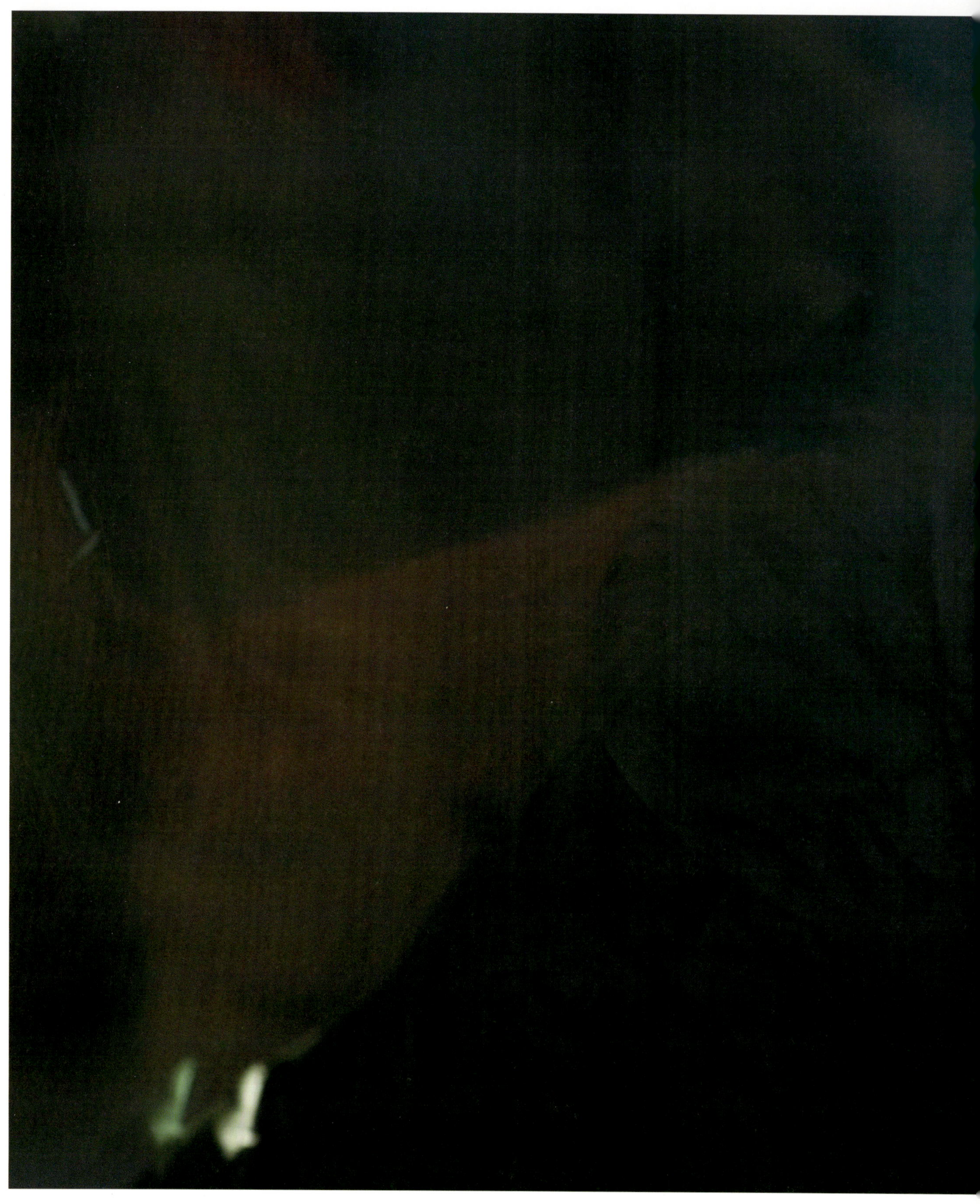

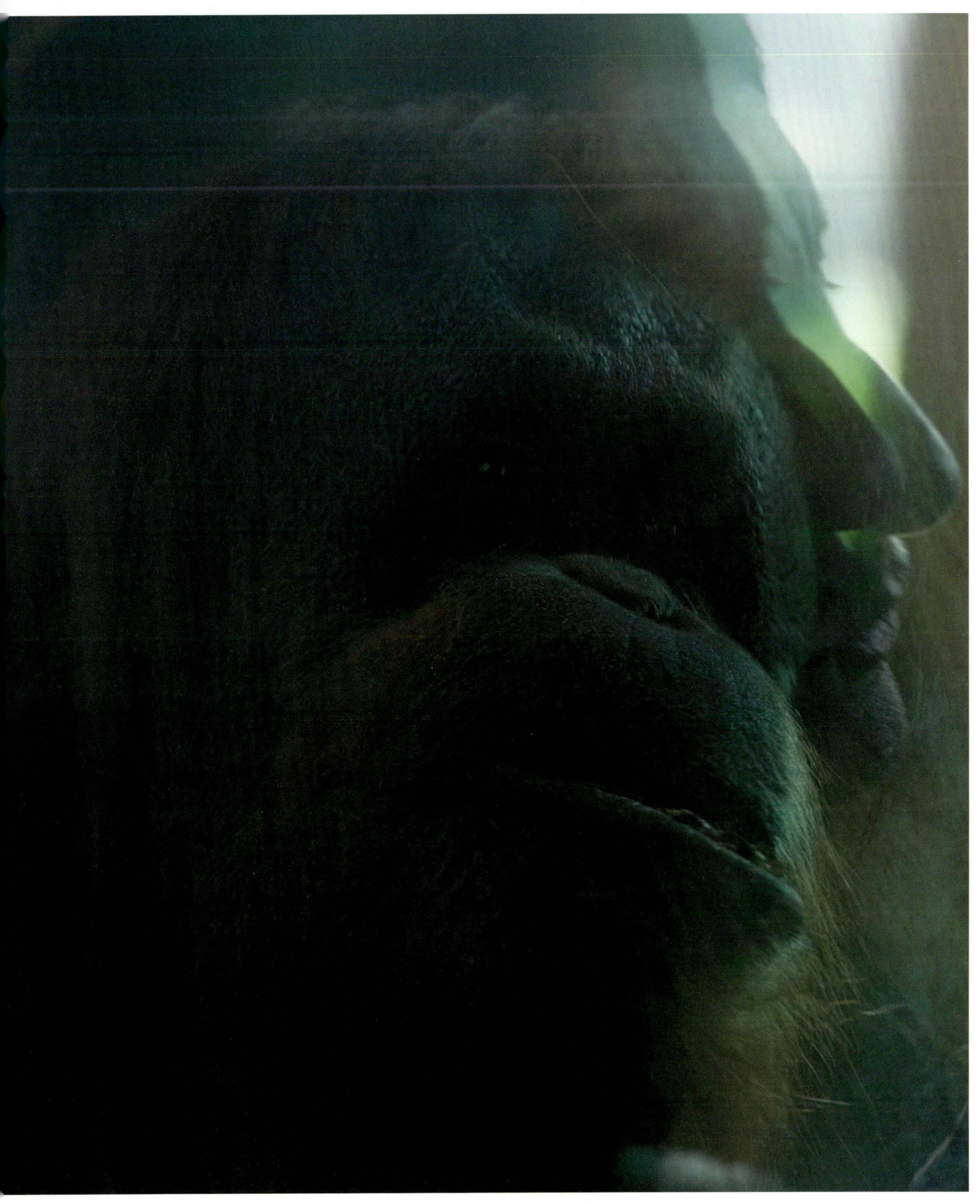

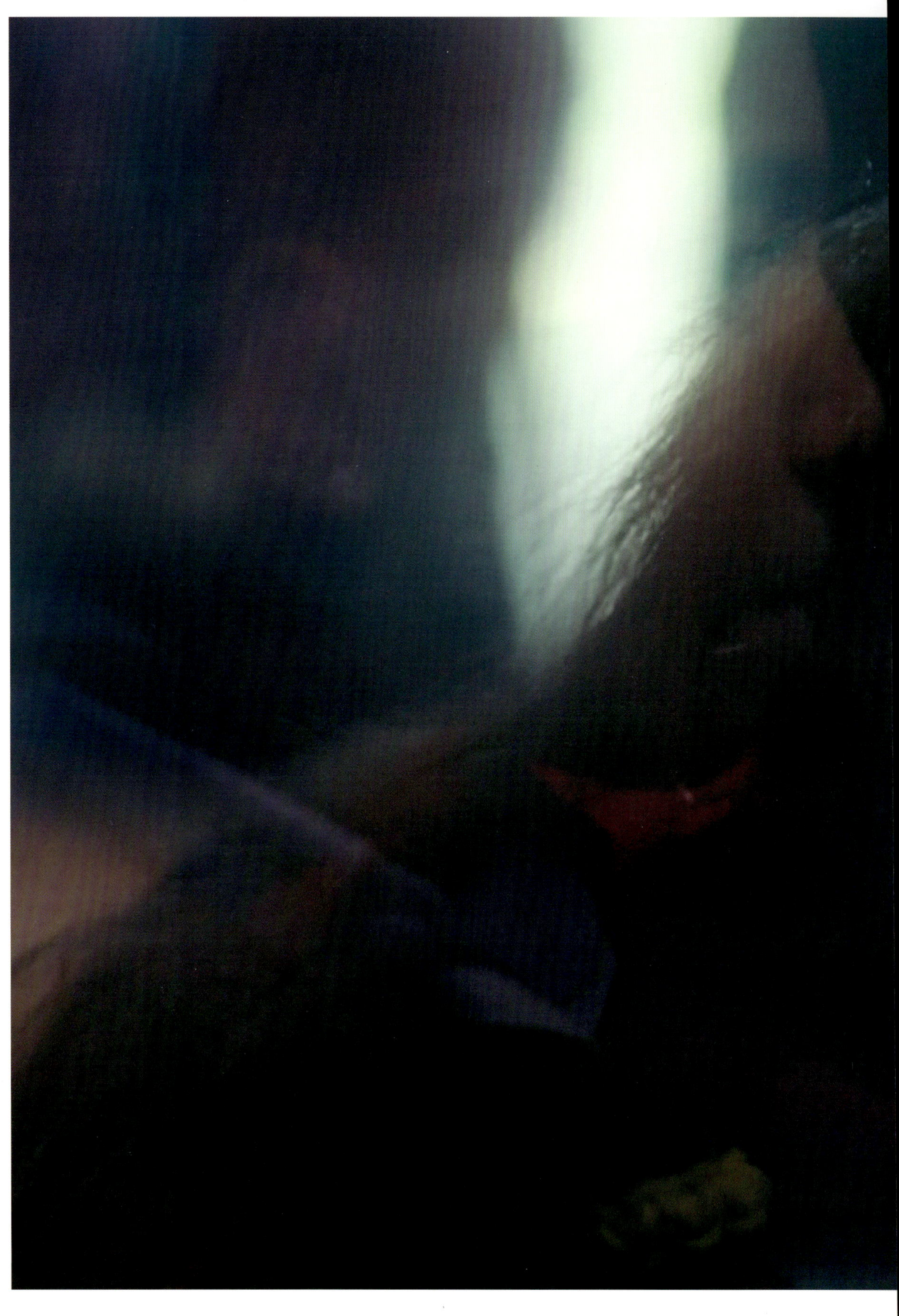

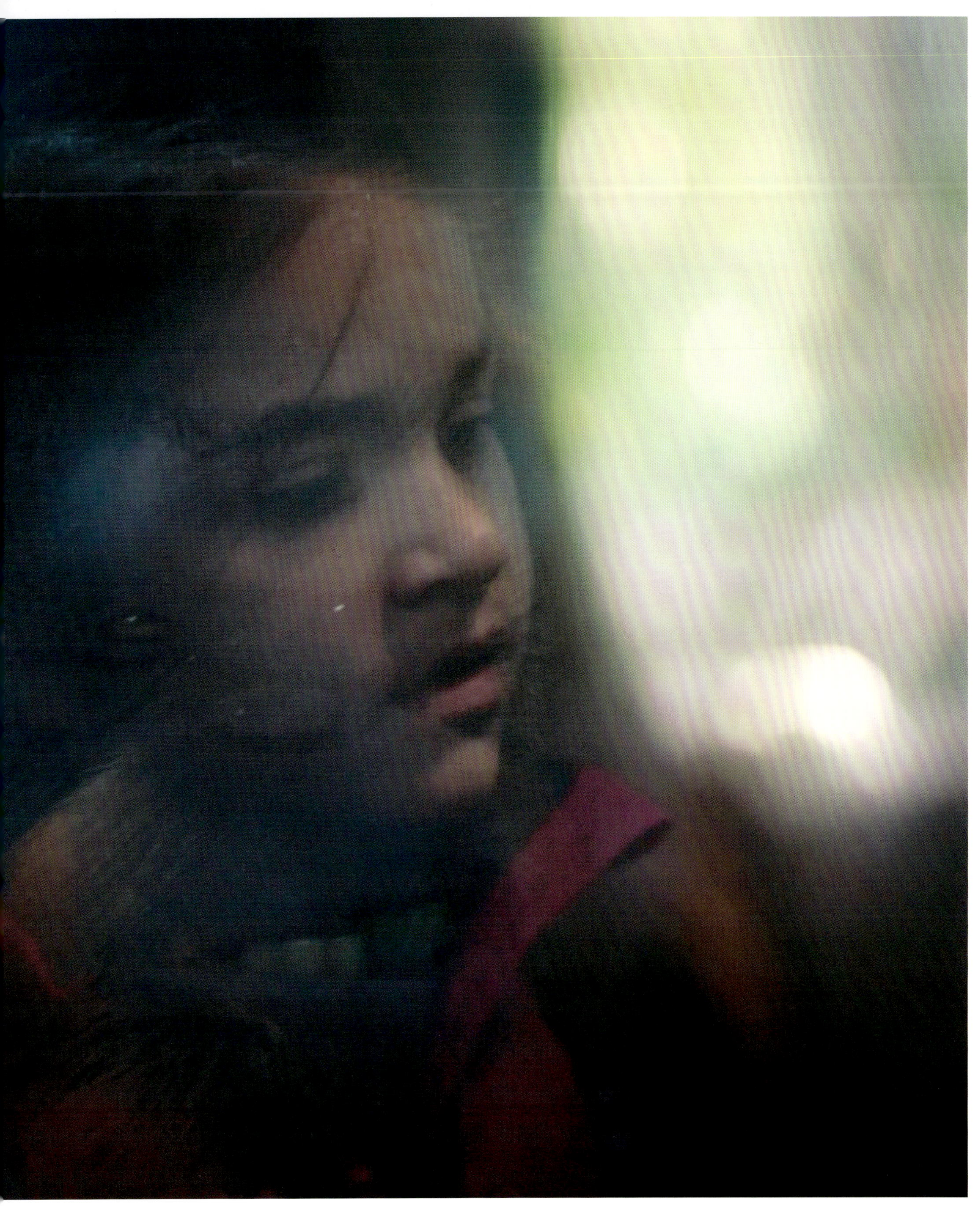

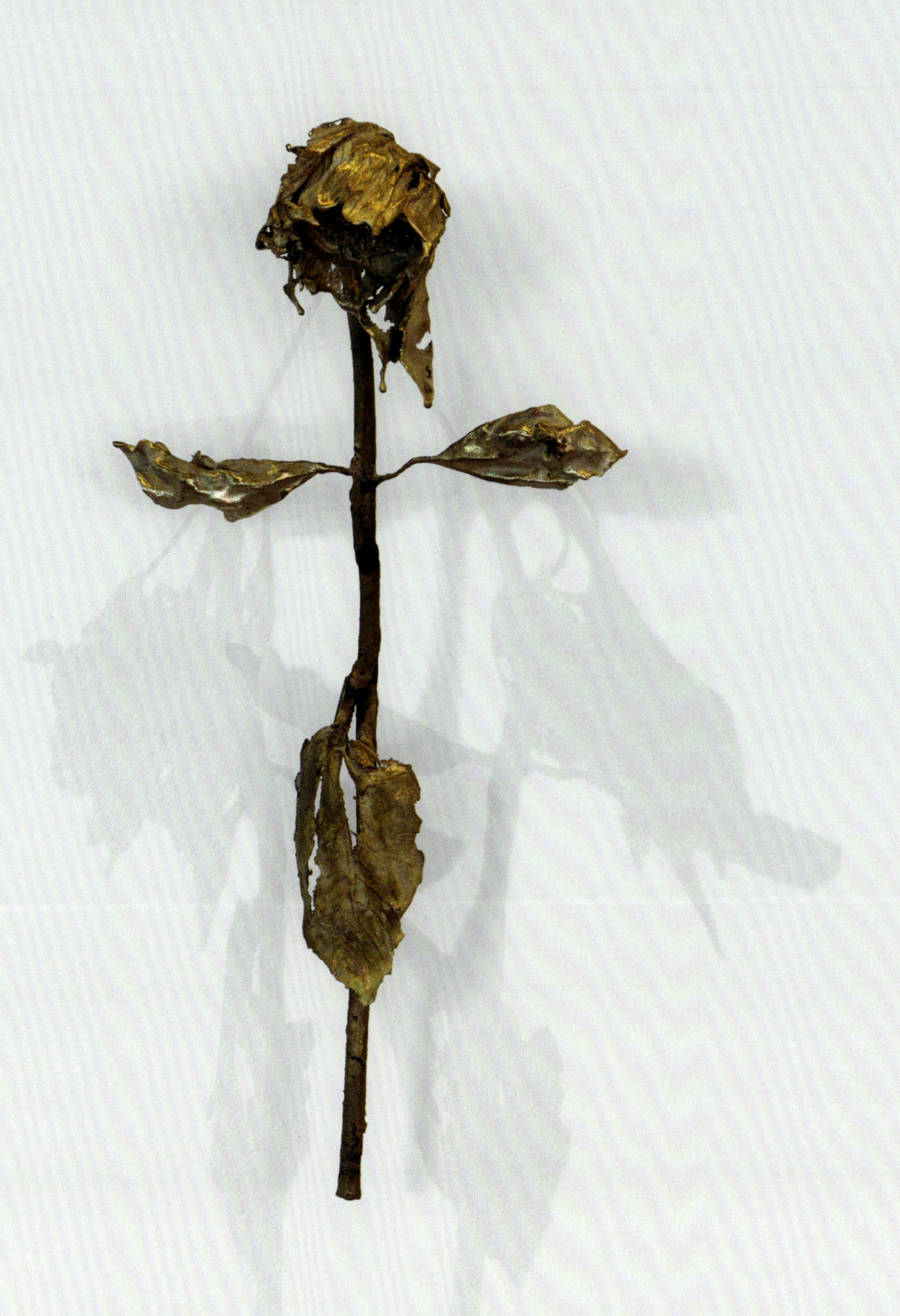

PIÙ ESPRESSIONE DEL SENTIMENTO CHE PITTURA DEI SUONI

ROBERTO LACARBONARA
SERGIO RISALITI

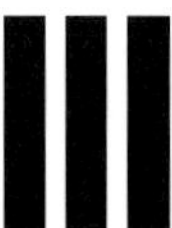

MORE AN EXPRESSION OF FEELING THAN A PAINTING OF SOUNDS

ROBERTO LACARBONARA
SERGIO RISALITI

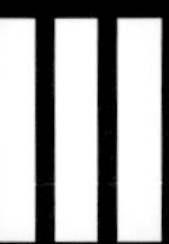

Il tetto si è bruciato,
ora posso
vedere la luna

Mizuta Masahide

Barn's burnt down
now
I can see the moon

Mizuta Masahide

Nell'estate del 1807 Ludwig van Beethoven iniziava a comporre la Sesta Sinfonia, intitolata *Pastorale*, che porterà a termine nella primavera del 1808. Il compositore amava passeggiare nei campi, perdersi nella pace dei boschi, nel silenzio delle foreste. Anche Vascellari si sente a casa sua nella natura. Raggiunge le montagne intorno a Vittorio Veneto e cammina a lungo per sentieri. Non è un caso e non è strano che, entrato per la prima volta nella Sala delle Cariatidi di Palazzo Reale, abbia pensato a questo titolo, *Pastorale*. Un titolo che contrasta con le tracce di quanto accaduto a questa sala nel lontano 1943, quando le Cariatidi vennero bombardate. Il tema arcadico, l'idillio, è forse la cosa più lontana dai disastri della guerra. Ma forse la funzione di tale genere di invenzioni letterarie stava proprio in questo: offrire allo spirito umano un rifugio, un'isola felice, per sopravvivere alla violenza della vita e della storia, lontano da intrighi politici e conflitti sociali, ritornare nel grembo di madre natura per un colto, aristocratico distacco dalla realtà urbana.

Questa direzione dello spirito, tuttavia, definisce un consapevole percorso a ritroso, una "via di ritorno" alla natura, che assume sempre l'aspetto di una riparazione, declinandosi secondo posizioni culturali – letterarie, musicali, poetiche – capaci di evidenziare la saldatura, la toppa, una sorta di estrema e posteriore riparazione. Si tratta dunque di cantare una natura ricreata e idealizzata, seconda, materna e copiosa per effetto dei suoi vedutismi simulati, dei paesaggi ricreati artificialmente e consoni a un'epoca, a un committente o a uno stile. Ecco, allora, che si rende ancora più efficace e comprensibile il titolo *Pastorale*. Un'evocazione colta e sentimentale a un tempo, che risente tanto di un moto di speranza – una nuova Arcadia – quanto di un afflato di nostalgia per un mondo perduto. Era così nelle prime forme dell'egloga del Quattrocento recitata nei festini di corte – eco lontana delle *Bucoliche* virgiliane – così come nelle successive drammatizzazioni sceniche e nelle più complete articolazioni del testo settecentesco, dall'*Aminta* del Tasso al *Pastor fido* del Guarini, per giungere al più moderno Johann Wolfgang von Goethe e terminare, in un certo senso, con Pier Paolo Pasolini.

L'opera totale, *Pastorale,* messa in scena oggi da Nico Vascellari trova feconda ispirazione nella storia dello spazio milanese – la Sala delle Cariatidi – e nella sua speciale stratificazione storica e architettonica, esito di diverse e alterne vicende, tra magnificenza e disastro, tra gloria e caduta, tra morte e rinascita, temi centrali della poetica dell'artista. Egli si è infatti connesso con le vicende novecentesche che portarono alla quasi completa distruzione dell'ambiente, distruggendo la copertura del soffitto e oltraggiando le statue alle pareti, le Cariatidi appunto, durante i bombardamenti sulla città di Milano nel 1943. Questa memoria storica, ancora tangibile in tutta la sua drammaticità, è quanto ha ispirato l'artista, che ha avvertito la necessità di attualizzare ancora una volta quanto accaduto nel passato specchiandolo nel presente, che è tempo di guerra, di bombardamenti selvaggi, di rovine e violente lacerazioni dell'animo umano nel cuore dell'Europa e nei paesi mediorientali. In tal senso, Vascellari non si astrae dalla storia, di cui siamo eredi, tantomeno dal presente che viviamo e in cui siamo chiamati a prendere posizione morale, politica, artistica. Ma Vascellari non si ferma mai a constatare il negativo della storia e la decadenza del presente. Coglie sempre il lato opposto, accettando l'eterno ciclo della vita, tra fine e inizio, nascita, morte e rinascita che riguarda tanto le singole esistenze quanto le grandi civiltà, i segni dell'uomo e le forme della natura. Il progetto allestito si aggancia, infatti, alla celebre presenza nel 1953 di *Guernica* di Pablo Picasso, che all'epoca venne affiancata a un'altra opera del maestro spagnolo, *La Guerra* e *La Pace*. La violenza umana, la sua capacità di distruzione e autodistruzione, si infrange, per Vascellari, contro il potere della natura e della sua forza superiore, in cui tutto si compie in un continuo rigenerarsi della vita cui fa sponda il ripetersi, tra corsi e ricorsi, della storia. La dialettica di guerra e pace, che domina nello scontro di civiltà e tra le comunità umane, viene compresa nel processo creativo di morte e rinascita, insito nel pianeta e nel cosmo, dove piuttosto è il conflitto in senso presocratico a detenere la ragione del tutto. Come spiega Eraclito, non ci può essere niente di giusto senza l'ingiusto e non ci può essere concordia senza discordia, la guerra è il principio stesso del pensiero e del linguaggio. Dove c'è caos alberga anche l'armonia, secondo la legge dell'unità degli opposti.

In the summer of 1807, Ludwig van Beethoven began composing his Sixth Symphony, the *Pastoral*, which he would complete in the spring of 1808. The composer loved walking through fields, losing himself in the peace of the woods and the silence of the forests. Nico Vascellari, too, feels at home in nature. He often ventures into the mountains around Vittorio Veneto, walking for hours along the trails. It is neither a coincidence nor a surprise that, upon entering the Sala delle Cariatidi at the Palazzo Reale, Milan, for the first time, he was drawn to this title— *Pastorale*. A title that stands in stark contrast to the scars left on this hall by history, when the Caryatids were bombed in 1943. The Arcadian theme, the idyll, seems worlds apart from the devastation of war. Yet perhaps the very purpose of such literary inventions was precisely to offer the human spirit a refuge, a sanctuary, a means to endure the violence of life and history. A place removed from political intrigue and social conflict, where one could retreat into the embrace of nature—an aristocratic, cultivated escape from the realities of the urban world.

This direction of the spirit, however, defines a conscious journey backward to nature that takes the form of restoration, unfolding through cultural expressions—literary, musical, poetic— capable of revealing the patchwork of seams, a kind of retrospective repair. It is, therefore, a matter of singing of a nature that has been reimagined and idealized—secondary, maternal, and abundant—shaped by its simulated vistas, its landscapes artificially recreated to suit an era, patron, or style. This is precisely what makes the title *Pastorale* become even more fitting and resonant—both an erudite and sentimental evocation, imbued with a sense of hope for a new Arcadia and a longing for a lost world. It was so in the earliest forms of the eclogue in the fifteenth century, performed at courtly banquets as a distant echo of Virgil's *Bucolics*; in later dramatic adaptations and the more fully developed literary expressions of the eighteenth century, from Tasso's *Aminta* to Guarini's *Il Pastor Fido*; and, in a sense, it finds its way through to the modern era, from Johann Wolfgang Goethe to Pier Paolo Pasolini.

The total artwork, *Pastorale*, staged by Vascellari, draws fertile inspiration from the history of the Sala delle Cariatidi and its unique layering of history and architecture. The Sala has been shaped by a succession of events that oscillate between magnificence and destruction, glory and downfall, death and rebirth—themes that are central to the artist's poetics. Vascellari has engaged deeply with the twentieth-century events that led to the near-total destruction of this space: the ceiling collapsed and the statues lining the walls—the Caryatids themselves—were defaced during the bombing of Milan in 1943.

This historical memory, still palpable in all its dramatic intensity, is what inspired the artist, compelling him to bring the past into the present, mirroring history in today's world—a time of war, relentless bombings, ruins, and violent wounds inflicted on the human soul—both in the heart of Europe and across the Middle East. Vascellari does not distance himself from history, of which we are heirs, nor from the present, in which we are called to take a moral, political, and artistic stance. Yet, he does not merely dwell on history's tragedies or the decline of the present. He perceives the balance, embracing the cycle of life, endings and beginnings, birth, death, and renewal, a cycle that governs both individual existence and great civilizations, the traces of humankind and the forms of nature. This project also looks back to the iconic presence, in 1953, of Pablo Picasso's *Guernica* in this very hall, where it was displayed alongside another of the Spanish master's paintings, *War and Peace*. For Vascellari, humanity's violence—our capacity for destruction and self-destruction—ultimately collides with the superior power of nature, in which all things unfold through a perpetual regenerative cycle of life, echoed in history's cyclical patterns of rise and fall. The dialectic of war and peace, which has shaped the clash of civilizations and human communities throughout time, is here understood as part of a broader creative process of death and rebirth—one embedded in the very fabric of the planet and the cosmos. It is in this pre-socratic sense of conflict that the ultimate logic of existence is revealed. As Heraclitus explained, there can be no justice without injustice, no harmony without discord—war itself is the foundation of thought and language. Where there is chaos, there is also harmony, governed by the law of the unity of opposites.

L'armonia non si genera con la soppressione dei contrari, ma nel generarsi e rigenerarsi del conflitto tra inizio, fine e nuovo principio. L'opera va letta in questa accezione, riflettendo sull'eterno scambio di senso tra fenomeni naturali e storici, tra eventi personali e collettivi, retti dalla coincidenza degli opposti. Vascellari si concentra sul valore dell'arte come testimonianza dei momenti bui della storia, come processo conoscitivo profondo della natura delle cose e dei fenomeni naturali e storici; infine, come portatore di una speranza che superi il limite dell'individualismo e di ogni schematismo teleologico.

Una scultura meccatronica, di forma cilindrica e superficie metallica, domina la scena espositiva imponendosi allo sguardo per via della sua presenza aliena, cinicamente austera e algida. Si erge sopra un ulteriore plinto cilindrico, in parte nascosto nella coltre di terreno che ricopre interamente il pavimento della grande Sala delle Cariatidi. Un deambulatorio perimetrale consente ai visitatori di percorrere lo spazio circostante, aggirando la distesa di questo suolo impropriamente messo a dimora nel cuore di Palazzo Reale. A intervalli regolari, la scultura avvia la propria azione propulsiva. Qualcosa, all'improvviso, muove dal profondo, un rumore sordo, tellurico, che lentamente cresce alimentando un rigonfiamento del suolo alla base del corpo metallico. Dura pochi istanti, la tensione giunge al limite, per poi deflagrare nell'esplosione fragorosa che, dalla superficie del cilindro, libera nell'aria milioni di minuscole particelle destinate a ricadere nell'intero spazio espositivo. Sono semi, nuvole di sementi floreali, quasi un bombardamento di piccoli nuclei organici che erompono nella sala in forma di un inquietante amplesso meccanico.

Come negli incisi reiterati di Beethoven, ogni volta il rito si ripete in un *crescendo* e nel suo successivo *diminuendo*. Alla fissità melodica – al tema principale e alle sue declinazioni armoniose – si alterna l'improvvisa ascesa ritmica che irrompe nella composizione, liberando un'energia segreta e intestina. "Più espressione del sentimento che pittura dei suoni", aveva chiosato il compositore tedesco. Ed è esattamente in questa espressione senza linguaggio, in questo atto liberatorio e cieco che si svolge, per Vascellari, la manifestazione di una forza, creatrice e distruttrice che sia. *Volontà di potenza* nietzschiana ("Wille zur Macht"), intesa come "volontà di vivere" ("Wille zum Leben") che si afferma al di là e al di sopra di ogni rappresentazione, nelle specie animali così come in tutte le forze della natura.

È questo il vitalismo, questa potenza al di là del bene e del male, che domina su tutto, su ogni forma di Potere, su ogni forma di nichilismo e su ogni dominante tecnologia. È quella forza fecondatrice, datrice di vita, che Lucrezio nel primo libro del suo *De rerum natura* riconosce in Venere, divinità superiore a ogni cosa, a cui soggiace pure Marte, frenando la sua pulsione di morte. Così canta il poeta epicureo:

"Tu sola infatti puoi con tranquilla pace giovare ai mortali, poiché sui fieri travagli
della guerra ha dominio Marte possente in armi, che spesso sul tuo grembo
s'abbandona vinto da eterna ferita d'amore; e così, levando lo sguardo, col ben
tornito collo arrovesciato, pasce d'amore gli avidi occhi anelando a te, o dea, e,
mentre sta supino, il suo respiro pende dalle tue labbra. Quando egli sta
adagiato sul tuo corpo santo, tu, o dea, avvolgendolo dall'alto, effondi dalla
bocca soavi parole: chiedi, o gloriosa, pei Romani placida pace. Ché in tempi
avversi per la patria non possiamo noi compiere quest'opera con animo sereno,
né l'illustre progenie di Memmio può in tali frangenti mancare alla comune
salvezza. Infatti è necessario che ogni natura divina goda di per sé vita immortale
con somma pace, remota dalle nostre cose e immensamente distaccata. Ché
immune da ogni dolore, immune da pericoli, in sé possente di proprie risorse, per
nulla bisognosa di noi, né dalle benemerenze è avvinta, né è toccata dall'ira".

Forse, allora, la messa in scena immaginata da Vascellari s'impone, qui in questa sala devastata dalla guerra, come un sotteso richiamo alla pace universale. È una messa in scena tutta tesa tra

But harmony does not emerge from the elimination of contradictions; rather, it arises from the perpetual cycle of conflict, from every ending, every beginning, and every new genesis. This is the lens through which *Pastorale* must be read: as a reflection on the eternal exchange of meaning between natural and historical phenomena, between personal and collective events, all governed by the unity of opposites. Vascellari focuses on art as a testimony to history's darkest moments. His is a profound inquiry into the nature of things—both natural and historical—and, ultimately, into nature itself as a bearer of hope, one that transcends individualism and rigid teleological constructs.

A mechatronic sculpture, cylindrical in shape with a metallic surface, dominates the exhibition space, imposing itself on the viewer with its alien presence—cynically austere and icy. It stands atop another cylindrical plinth, partially concealed beneath a layer of soil that entirely covers the floor of the vast Sala delle Cariatidi. A perimeter walkway allows visitors to navigate the space, skirting the expanse of this earth that has been incongruously laid down in the heart of the Palazzo Reale. At regular intervals, the sculpture initiates its propulsive action. Something stirs from deep within—an abrupt, subterranean rumble, a seismic murmur that gradually intensifies, causing the ground at the base of the metallic structure to swell. The tension builds for just a few moments, reaching its peak—only to detonate in a thunderous explosion. From the cylinder's surface, millions of minuscule particles are released into the air, scattering across the entire exhibition space. They are seeds—clouds of floral seeds—erupting into the hall in a disquieting mechanical embrace, almost like a bombardment of tiny organic nuclei.

As in Beethoven's repeated motifs, the ritual unfolds again and again, rising in a crescendo and then subsiding. The stillness of melody—the main theme and its harmonious variations—is punctuated by sudden rhythmic surges that disrupt the composition, unleashing a hidden, internal energy. "More an expression of feeling than a depiction of sound," the German composer had remarked. And it is precisely in this wordless expression, in this raw, blind act, that Vascellari finds the manifestation of a force—whether creative or destructive. A Nietzschean will to power (*Wille zur Macht*), understood as the will to live (*Wille zum Leben*), asserting itself beyond and above all representation, present in the animal world as in every force of nature.

This is vitalism—a force beyond good and evil, one that reigns over everything: over all forms of power, over all nihilism, and over every dominant technology. It is the generative force, the giver of life, that Lucretius, in his *De Rerum Natura*, attributes to Venus—a divinity superior to all things, before whom even Mars succumbs, his drive for destruction momentarily stilled. The Epicurean poet sings:

"For you alone can bless mortals with tranquil peace, since mighty Mars, lord
of arms, controls the savage works of war, who often flings himself upon your
lap, vanquished by the ever-living wound of love; and thus, looking upward, with
shapely neck thrown back, he feeds his eager eyes with love, gazing, goddess,
upon you, and, as he lies back, his breath hangs upon your lips. As he reclines
upon your sacred body, do you, divine one, enfolding him above, pour from
your lips sweet words, seeking, illustrious lady, gentle peace for the Romans.
For in adverse times for the fatherland we cannot accomplish this work with
tranquil mind, nor can the illustrious scion of Memmius fail the common weal
in such straits. Indeed, it is necessary that every divine nature enjoys immortal
life in utmost peace, far removed from our affairs and greatly detached. For
immune from every pain, immune from dangers, powerful in its own resources,
in no way in need of us, neither won over by our merits nor touched by anger."

Perhaps, then, the scene imagined by Vascellari, set in this hall ravaged by war decades ago, functions as an urgent call for universal peace. This is a staging that balances the dominion

l'impero della morte in mezzo a noi e l'orizzonte *ab origine* dell'immortalità, in una natura che tutto contiene nel suo ciclo della vita, tra caduta e rinascita. Qualcosa a cui pensare, da suggere e gustare come un farmaco, di cui servirsi come una forma di cura per lenire e sollevare la coscienza interiore, in vista di una conoscenza purgata, finalmente libera da angosce e paure, da disperazione e odio.

Già nel precedente episodio espositivo, Vascellari aveva esplorato gli aspetti molli e fangosi della "Melma" – evocativo titolo della mostra fiorentina al Forte di Belvedere, 2023 – configurando un percorso di penetrazione nel degradante e corruttibile *sommario di decomposizione* della terra: una *mater*/materia che genera e inghiotte, un *humus* informe che è insieme origine e seppellimento, luogo della contesa tra la vita e la morte, dove i vermi che dissodano il terreno, le pietre inerti e i più minuscoli cristalli inorganici sono parte di un unico, fertile sistema, pullulante di germi giubilanti, dove si compiono le nozze tra putrefazione e palingenesi. In questo territorio liminale, "terribile" – come nell'accezione vasariana, riferita a quel fare dell'artista che si approssima alle cose della terra – nell'ispezione della profondità terrestre e della superficie terrena, Vascellari va compiendo, da oltre vent'anni, la sua indagine sulla nuda vita, sul grado zero – talvolta sul degrado – della primaria esistenza biologica. All'esordio, in qualche lavoro del 2002 e 2003 – la trilogia *A Great Circle* – Vascellari si addentrava nelle viscere della terra, tentando di ripercorrere l'esperienza sensoriale di una talpa, la sua piena cecità e quella radicata simbiosi con il sottosuolo che è allo stesso tempo ambiente vitale e protezione. Quel "grande cerchio" sembra chiudersi, adesso, nel vigore di un corpo pulsante, sotterraneo, percepibile dalle lente variazioni di pressione e trazione di una membrana che giace al di sotto del terreno e della scultura. Il suo respiro forzato incarna l'energia di *Pneuma*, il principio vitale che informa e compenetra ogni organismo, il battito abissale che risale dal cuore della terra, con le contrazioni e le dilatazioni che ritmano la respirazione dei viventi.

Questa creatura, sepolta nella Sala delle Cariatidi – circondata da corpi scultorei femminili, simbolicamente assorti nella propria funzione di sostegno di ogni architettura, plastica e organica – alimenta un intero ecosistema rigenerante, del tutto artificioso e postumano, marziano, lontanissimo dalla natura che pur simula nelle sue forze prime. L'irrompere dell'atto detonante della disseminazione imprime un gesto che incalza e sprona la rinascita, non solo di una pianta, di un fiore, di un arbusto o un alberello, ma dell'intero linguaggio della creazione, del fare, del nascere.

Se il seme e la semiosi hanno comune radice etimologica, allora – al seguito della *dissemination* derridiana – il gesto seminale è destinato a produrre un numero infinito di effetti semantici, una molteplicità irriducibile e generativa, l'avvio di una semiosi illimitata: semi che generano altri semi, oltrepassando tanto l'atto demiurgico quanto quello finalistico e teleologico. La turbolenza di questo gesto frattura il limite dell'opera stessa, impedisce la formalizzazione esaustiva dei suoi temi, del suo significato, del suo voler-dire: prima o poi bisognerà distruggere, smantellare, rimuovere il tappeto erboso per far posto ad altro. Ecco dove si nasconde il sottile cinismo di quest'opera.

Piuttosto, dov'è finito l'uomo? Se ne sta a camminare sui bordi, assiste e percorre la periferia, escluso dal centro incandescente di questo vitalismo indotto dalla macchina. Il suo ruolo appare del tutto marginale e un po' ricorda il dio di Hieronymus Bosch che, appena visibile in un angolino del *Giardino delle delizie* – ma non nella tavola, bensì negli sportelli laterali del trittico chiuso (a ulteriore prova della sua remota superfluità) – appare scalzato, posto fuori e quindi osceno (*obscaenus*, infausto, di malaugurio). Pertanto, la paradossale "natura artificiale" che giorno dopo giorno affiora da questo canto della terra parla dell'uomo come di un'assenza: il percorso di "ritorno alla natura" appare in fondo un idillio impraticabile, una sonata nostalgica e lontana.

Eppure, *Pastorale* è il nostro canto, il nostro modo di intendere e di fare un'altra genesi.

Eppure, si semina ancora. Ancora vedremo spuntare dalla terra il verdeggiare di una pianta e poi di un'altra e di una nuova fioritura.

of death that surrounds us with the horizon of immortality, an origin point from which nature contains all within its cycles of life, collapse, and rebirth. It provides something to contemplate, absorb, and savor like a remedy, a form of healing that soothes the inner consciousness, guiding it toward a knowledge purified and finally freed from anguish and fear, despair and hatred.

In his previous exhibition, Vascellari had already explored the soft, swampy aspects of *Melma*—the evocative title of his 2023 exhibition at Forte Belvedere in Florence—crafting a journey that delved into the degrading and corruptible process of the earth's decomposition. A mater/materia that both generates and devours, an amorphous humus that is at once origin and burial site, a battleground between life and death, where worms till the soil and inert stones and the tiniest inorganic crystals form a single, fertile system, teeming with jubilant germs, where decay and rebirth are wedded together. In this liminal, terrible territory—as in Vasari's sense of the word, referring to an artist's engagement with the raw materiality of the earth—Vascellari has, for over twenty years, pursued his inquiry into essential life, into the zero degree—at times the degradation—of primary biological existence. From the outset, in works from 2002 and 2003—such as his trilogy *A Great Circle*—he ventured into the earth's depths, attempting to reenact the sensory experience of a mole: its complete blindness, its profound symbiosis with the subterranean world, an environment that is both vital and protective. That great circle now seems to close, emerging in the pulse of an underground body, perceptible through the slow shifts of pressure and tension beneath a membrane that lies beneath the earth and the sculpture itself. Its forced breath embodies the energy of Pneuma, the vital principle that animates and permeates all living things—the abyssal heartbeat rising from the earth's core, expanding and contracting in rhythm with the respiration of the living. This buried creature, entombed in the Sala delle Cariatidi—surrounded by sculpted female figures symbolically absorbed in their function as the structural support of every architecture, both sculptural and organic—feeds an entire regenerative ecosystem, one that is entirely artificial, posthuman, Martian, a distant simulation of the very nature it seeks to evoke in its primordial forces. The detonating act of dissemination inscribes a gesture that urges and spurs rebirth—not just of a plant, a flower, a shrub, or a tree, but of the entire language of creation, of making, of being born.

If seed and semiosis share a common etymological root, then—following Derrida's notion of dissemination—the seminal gesture is bound to generate an infinite array of semantic effects, an irreducible and generative multiplicity, the beginning of an unlimited semiosis: seeds that produce other seeds, surpassing both the demiurgic act and any finalistic or teleological purpose. The turbulence of this gesture fractures the limits of the work itself, preventing any exhaustive formalization of its themes, meaning, or intended message. Sooner or later, the grassy surface will have to be torn up, dismantled, and removed, to make way for something else. Here lies the subtle cynicism of this work.

But where has humankind gone? It lingers at the edges, walking along the periphery, watching from the margins, excluded from the incandescent core of this machine-driven vitalism. The role of people appears entirely secondary, reminiscent of the god in Hieronymus Bosch's *Garden of Earthly Delights*—not within the painting itself but found in the outer panels of the closed triptych (a further testament to his remote superfluity). There, he appears displaced, cast out—rendered obscene (*obscaenus*, ill-omened, a harbinger of misfortune).

Thus, the paradoxical artificial nature that emerges day after day from this song of the earth speaks of humanity as an absence. To return to nature ultimately is an impossible idyll, a nostalgic and distant sonata.

And yet, *Pastorale* is our song, our way of conceiving and bringing forth a new genesis.

Still we sow. We will once again see green shoots rise from the earth—one plant, then another, and then a new season will bloom.

Accatastata per il fuoco,
la fascina
comincia a germogliare

Nozawa Bonchō

The brushwood,
Though cut for fuel,
Is beginning to bud

Nozawa Bonchō

PASTORALE

IV

PASTORALE

IV

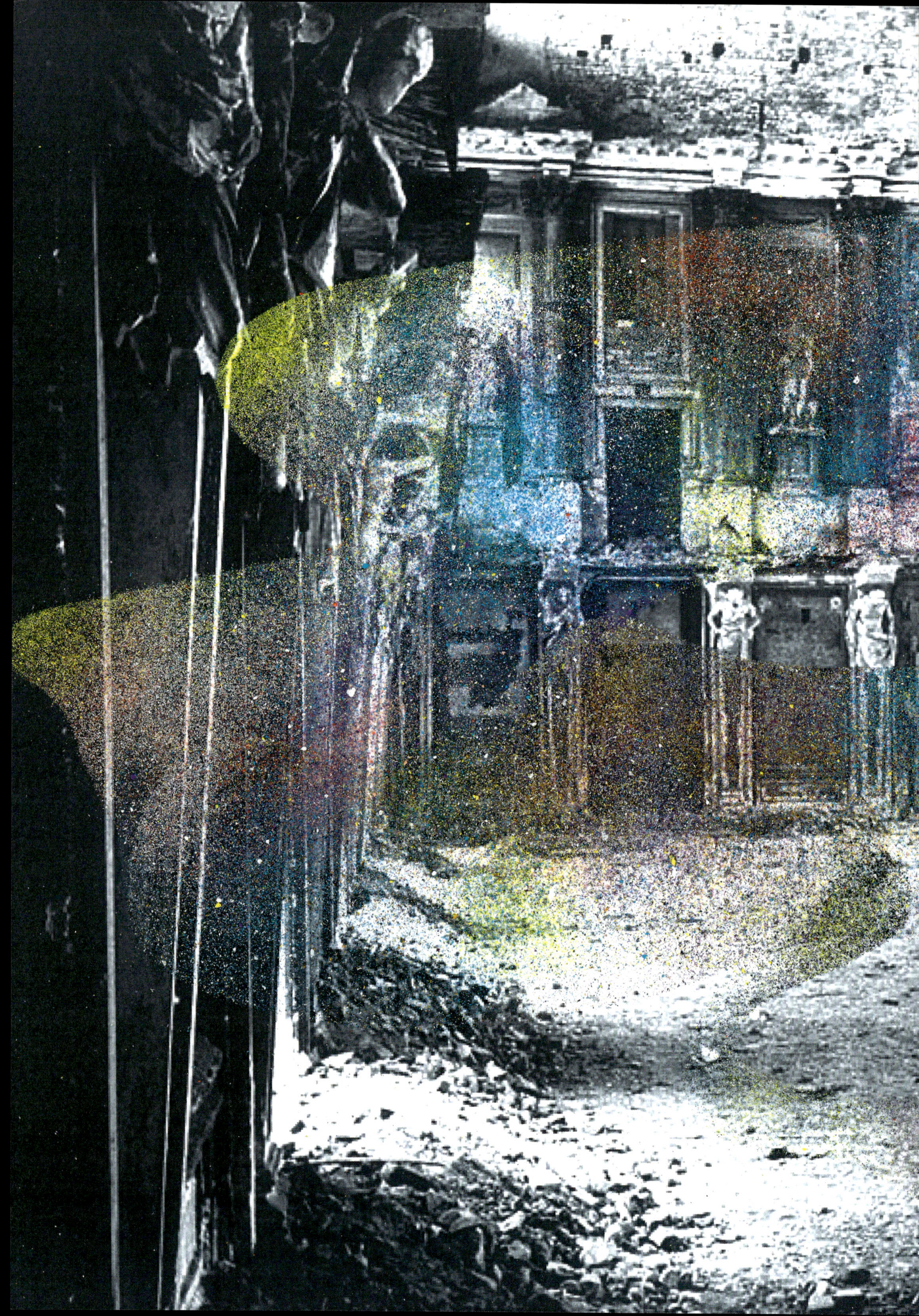

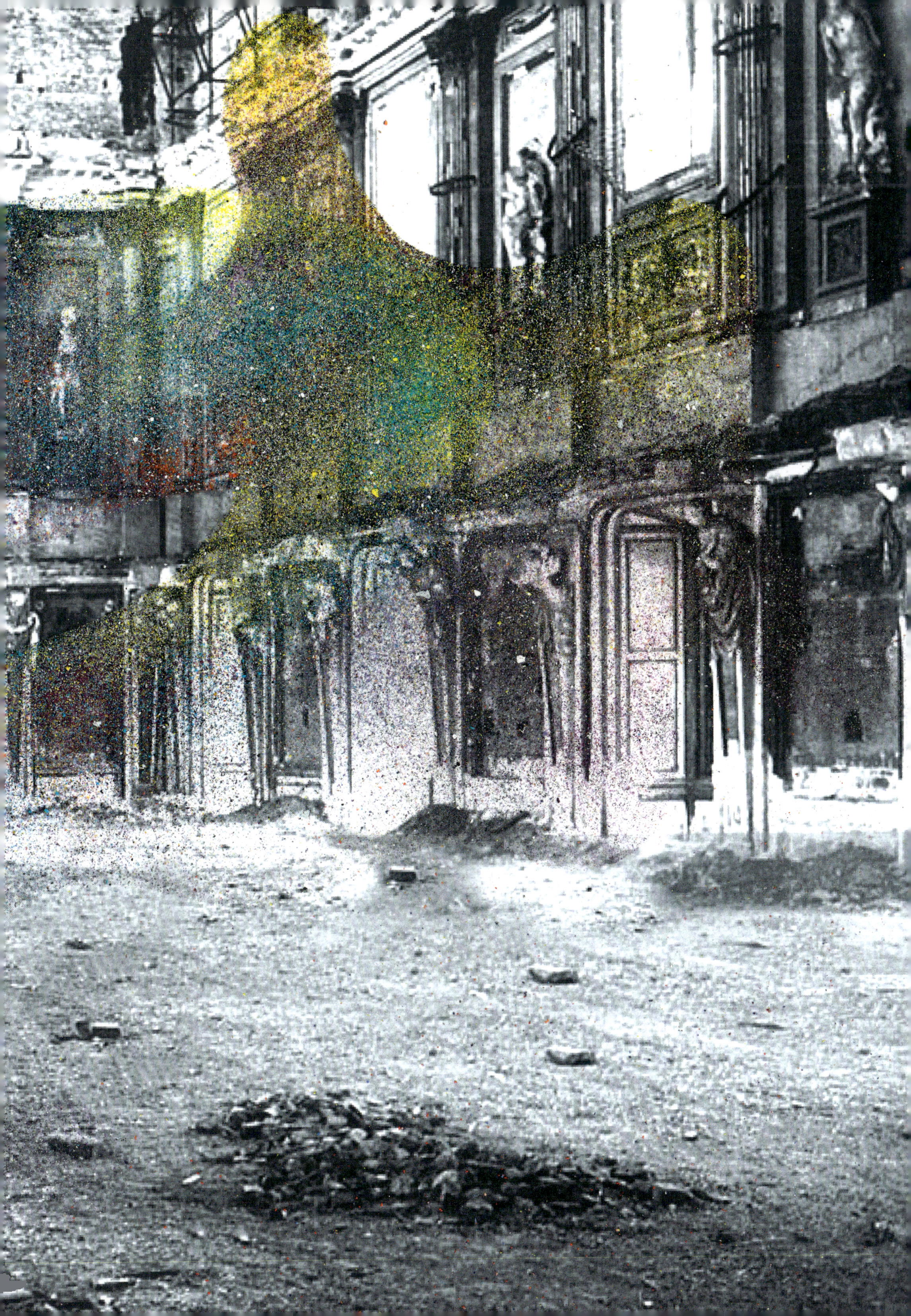

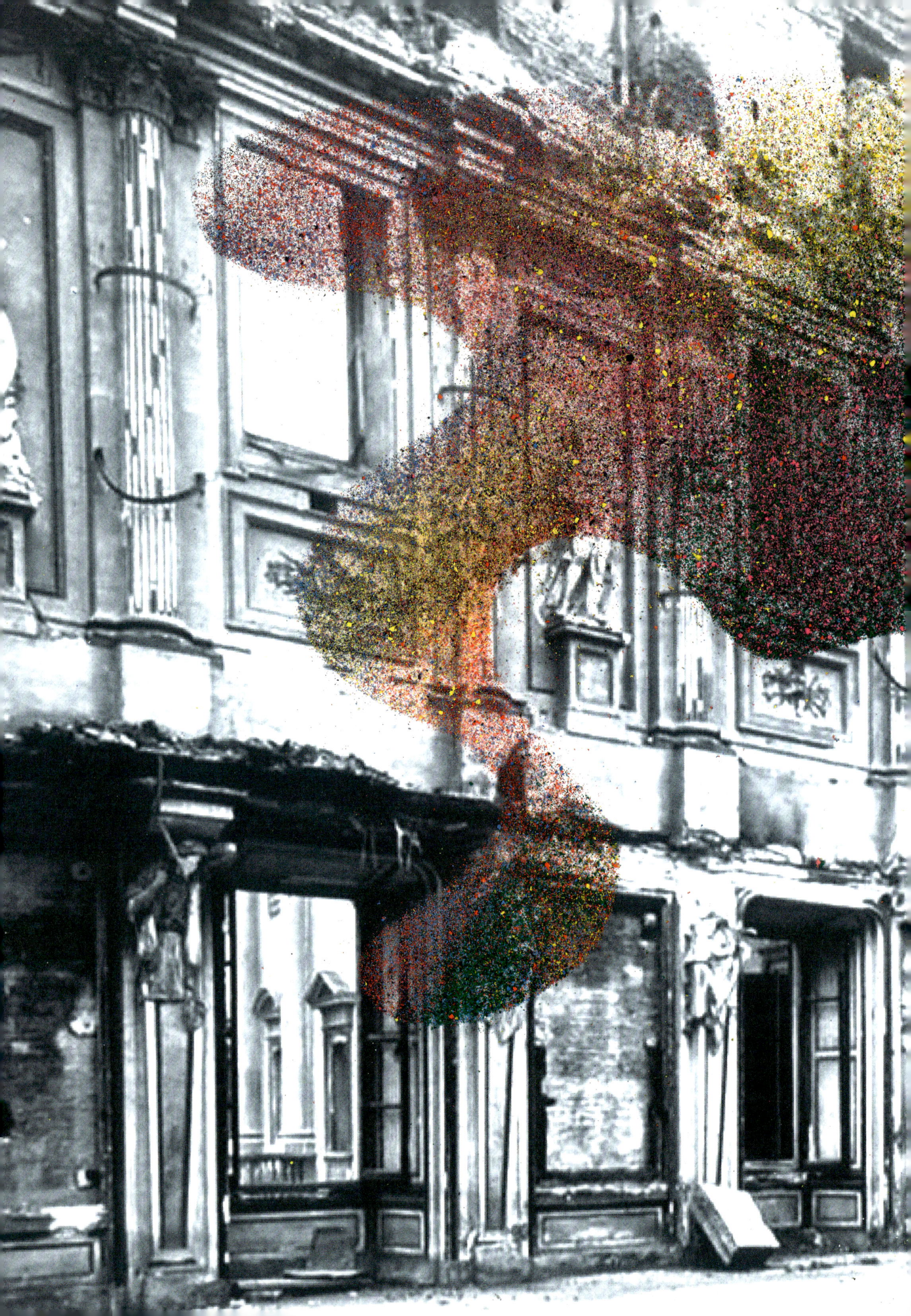

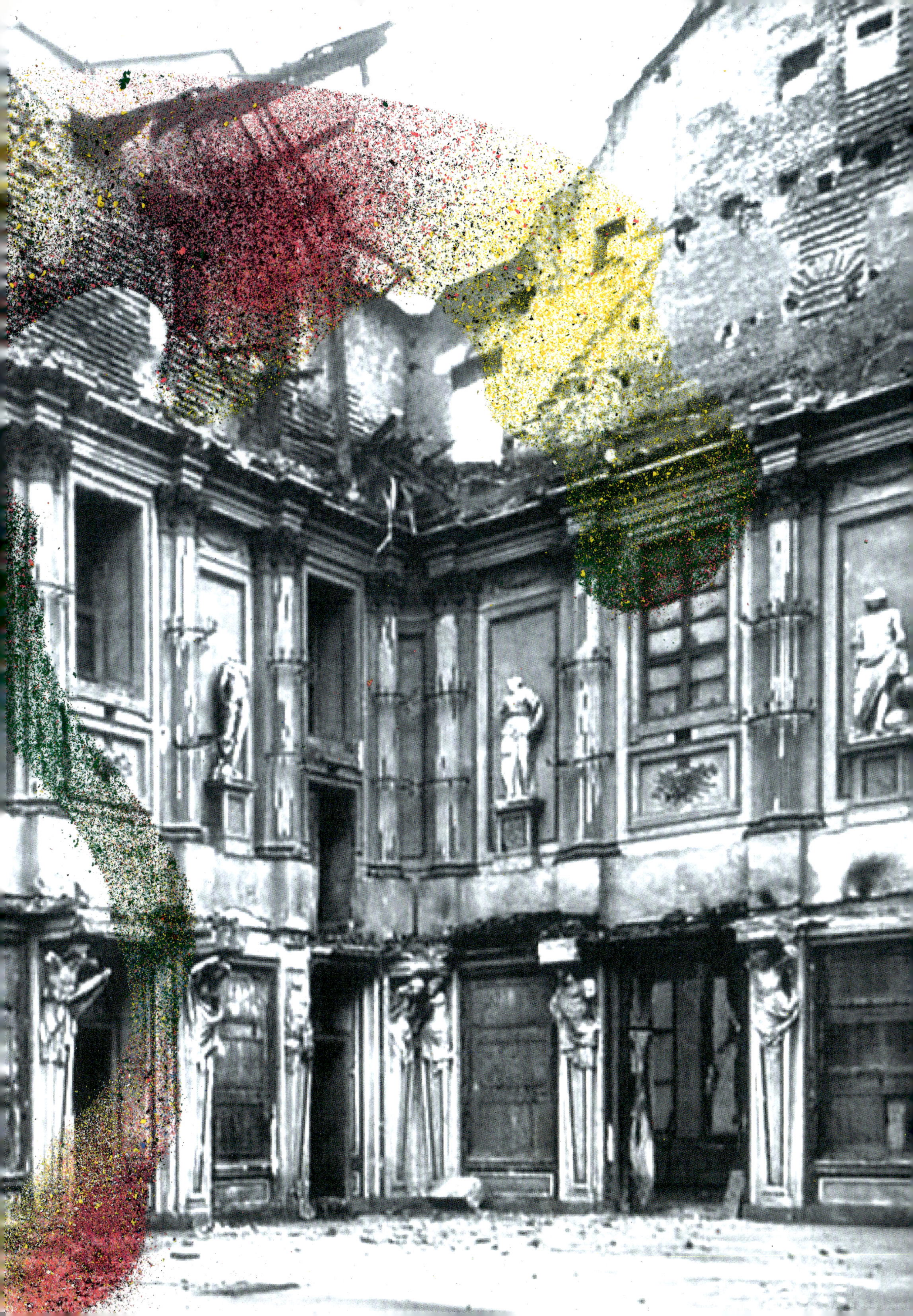

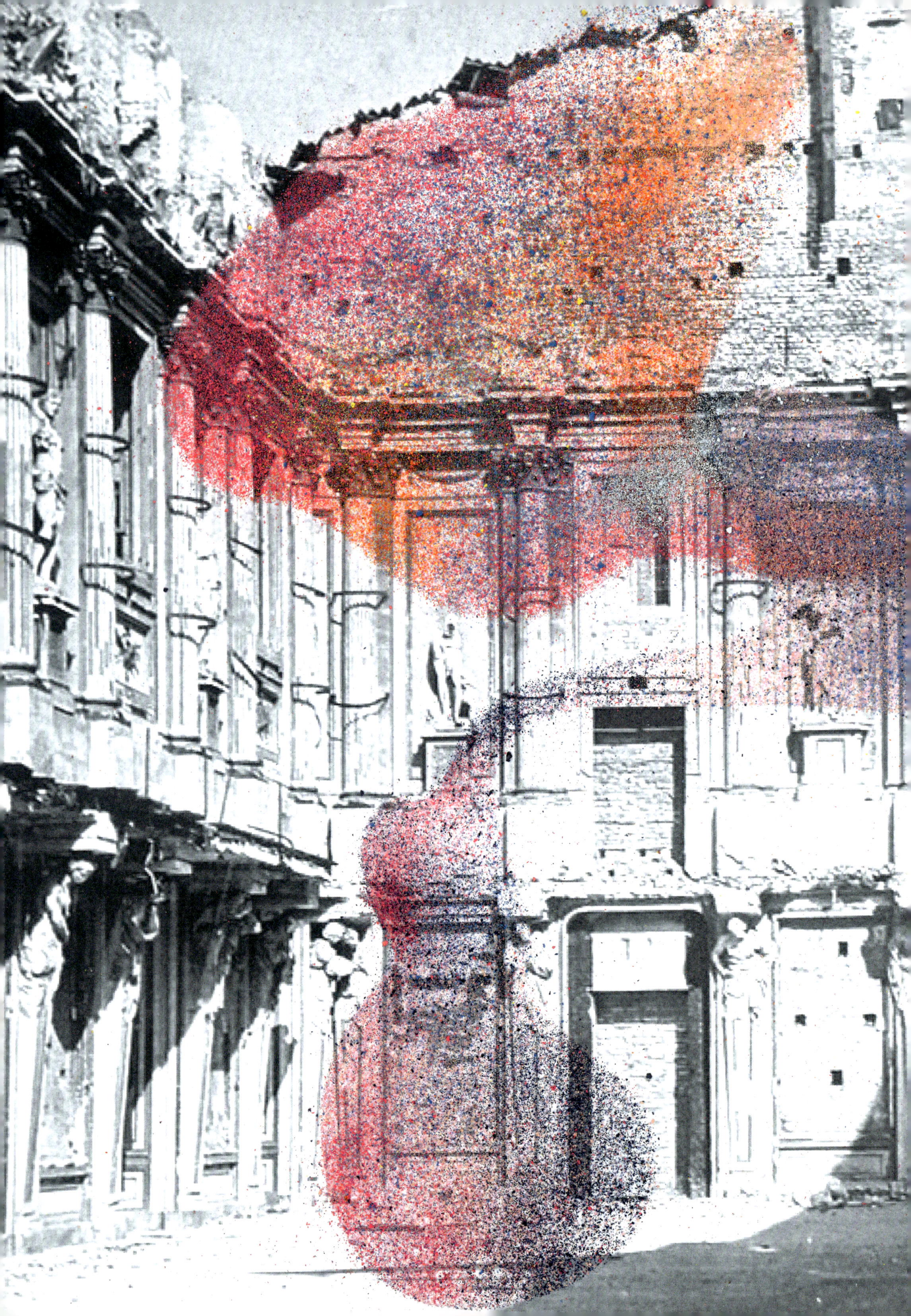

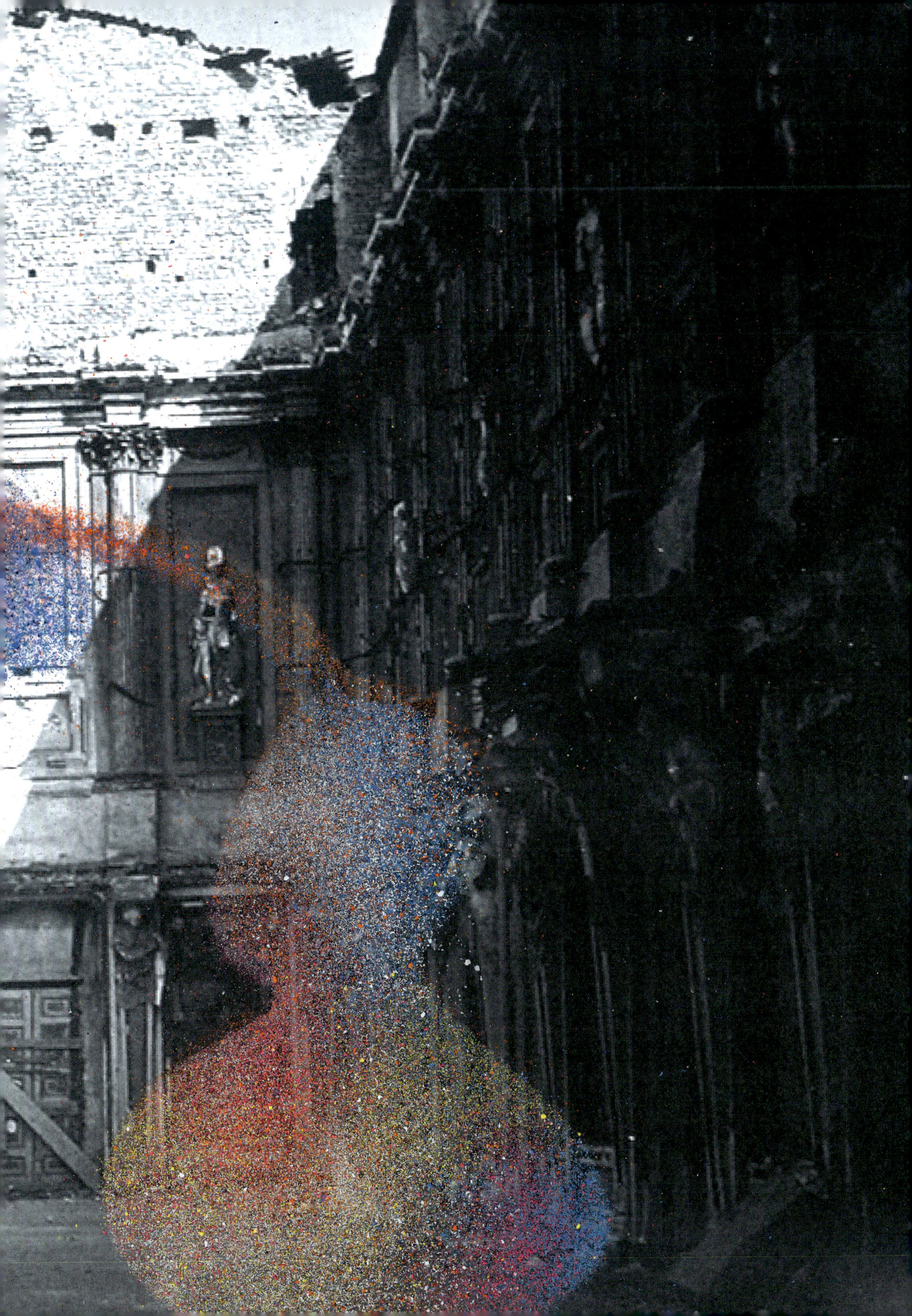

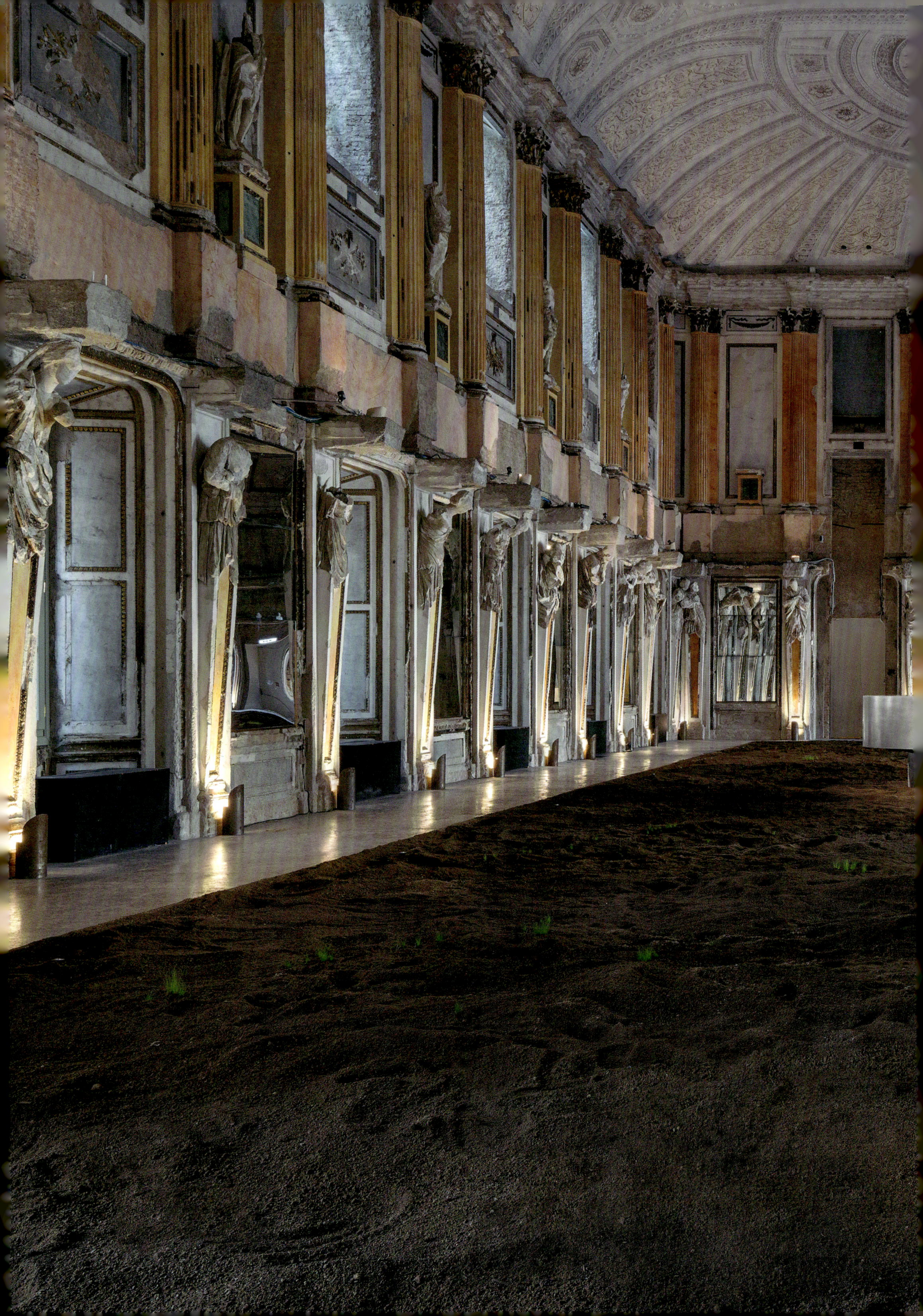

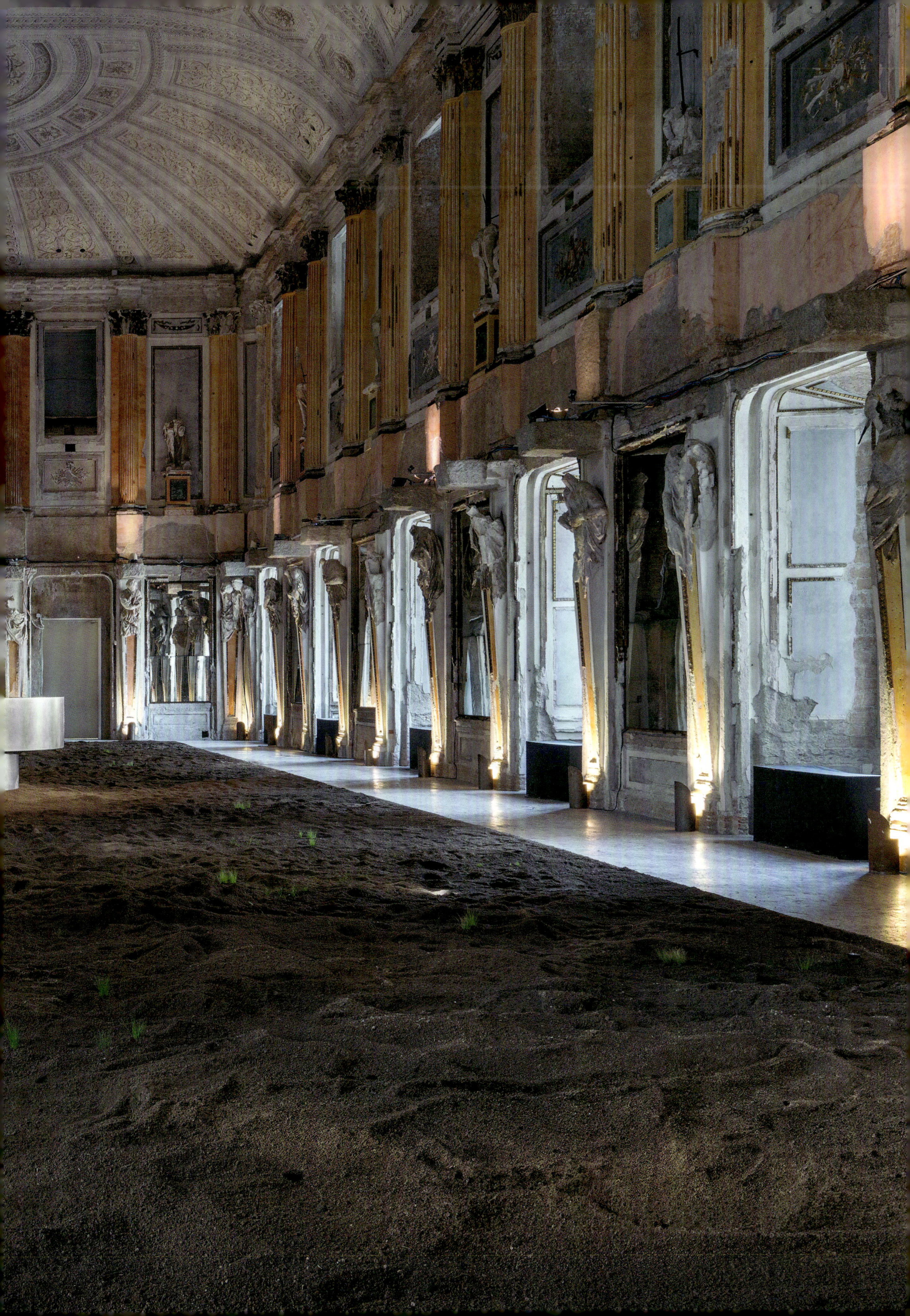

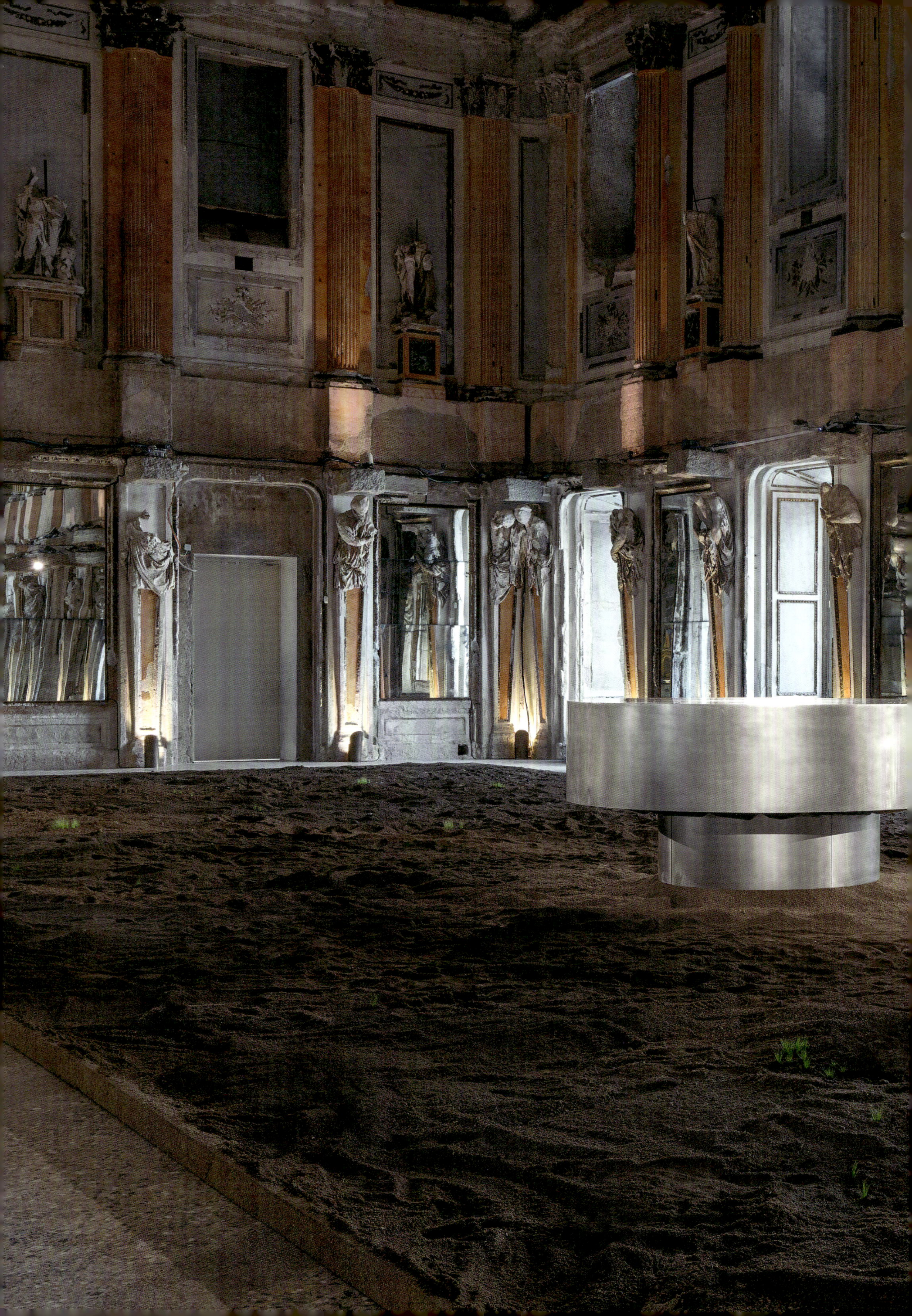

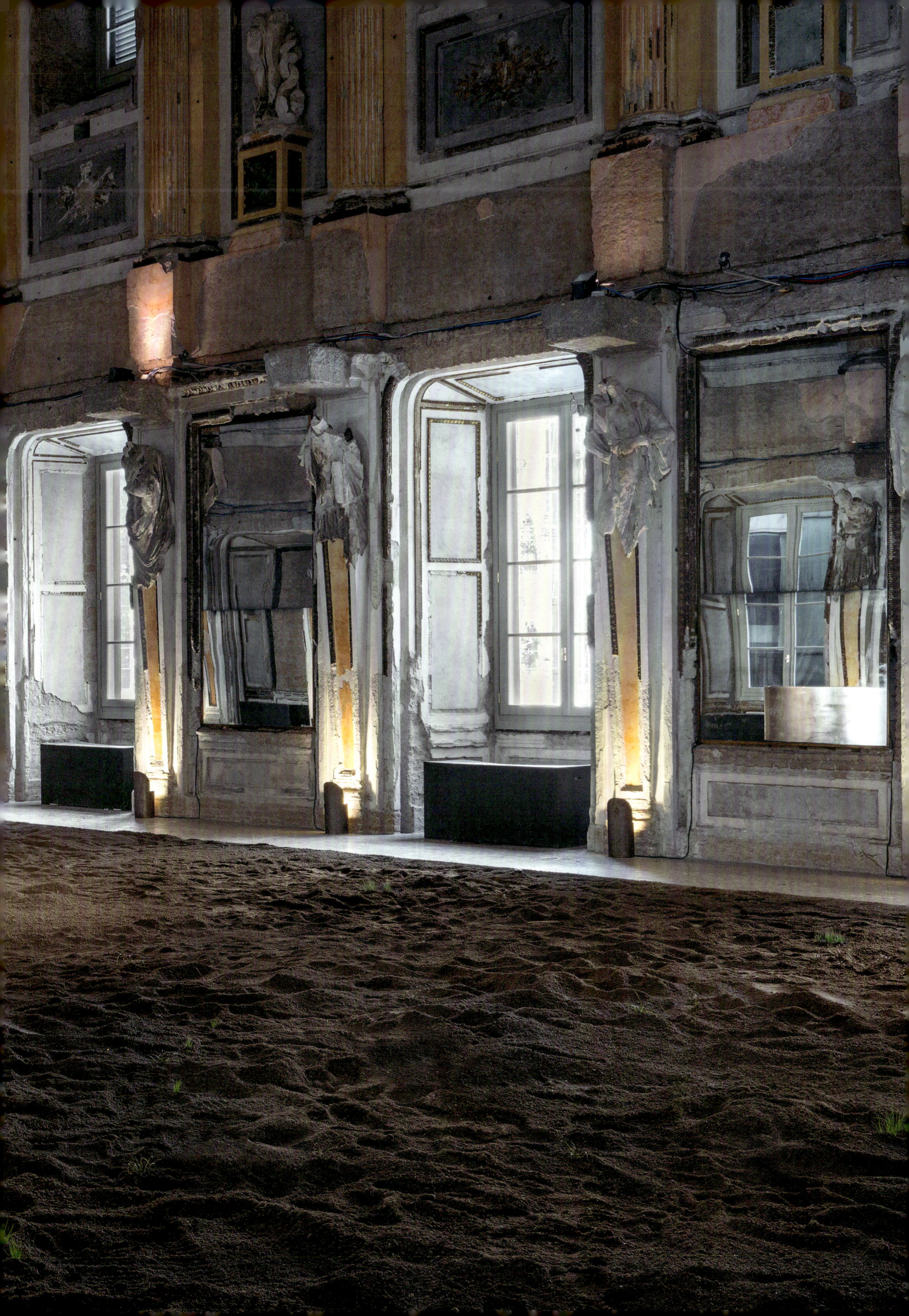

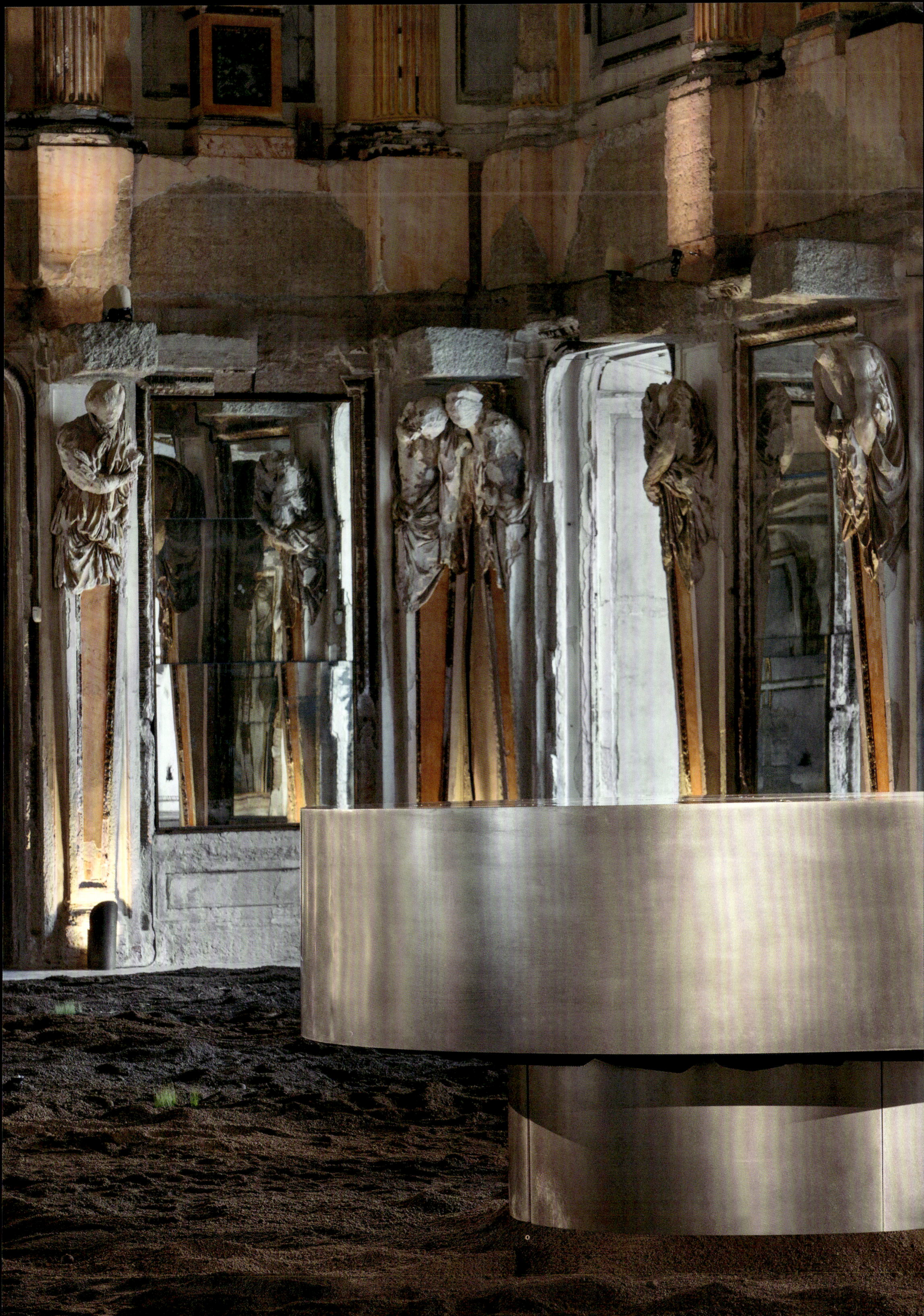

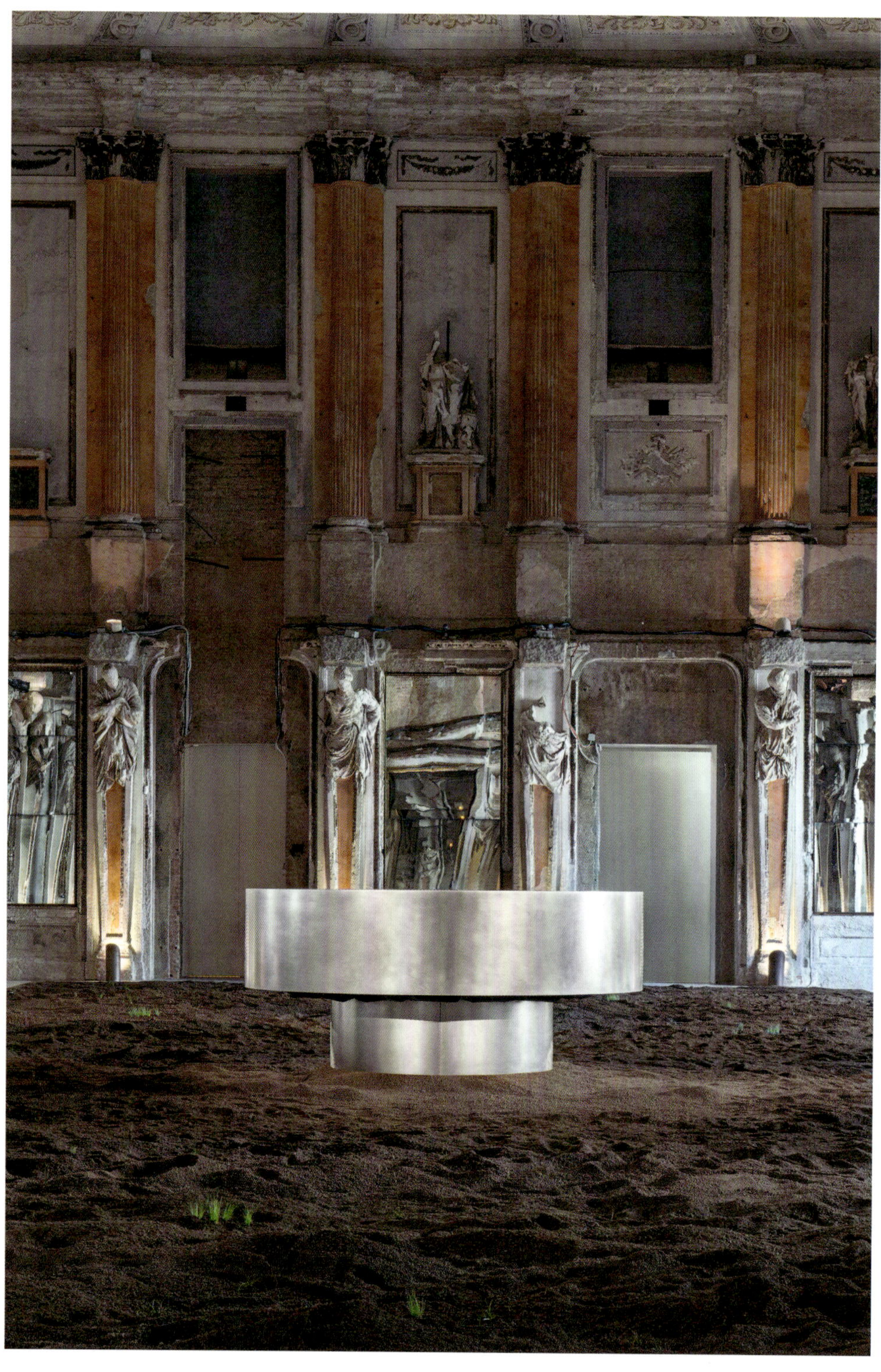

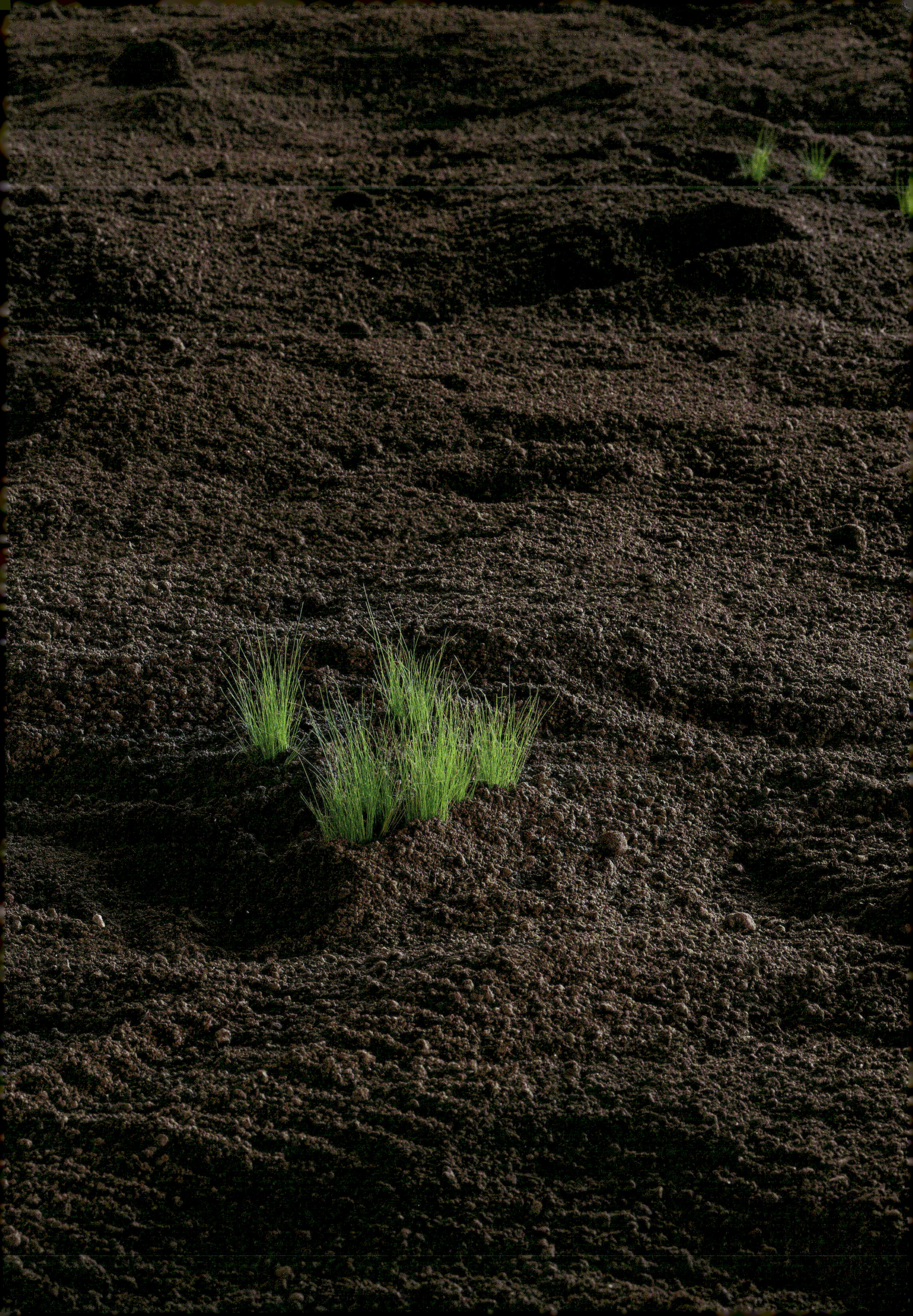

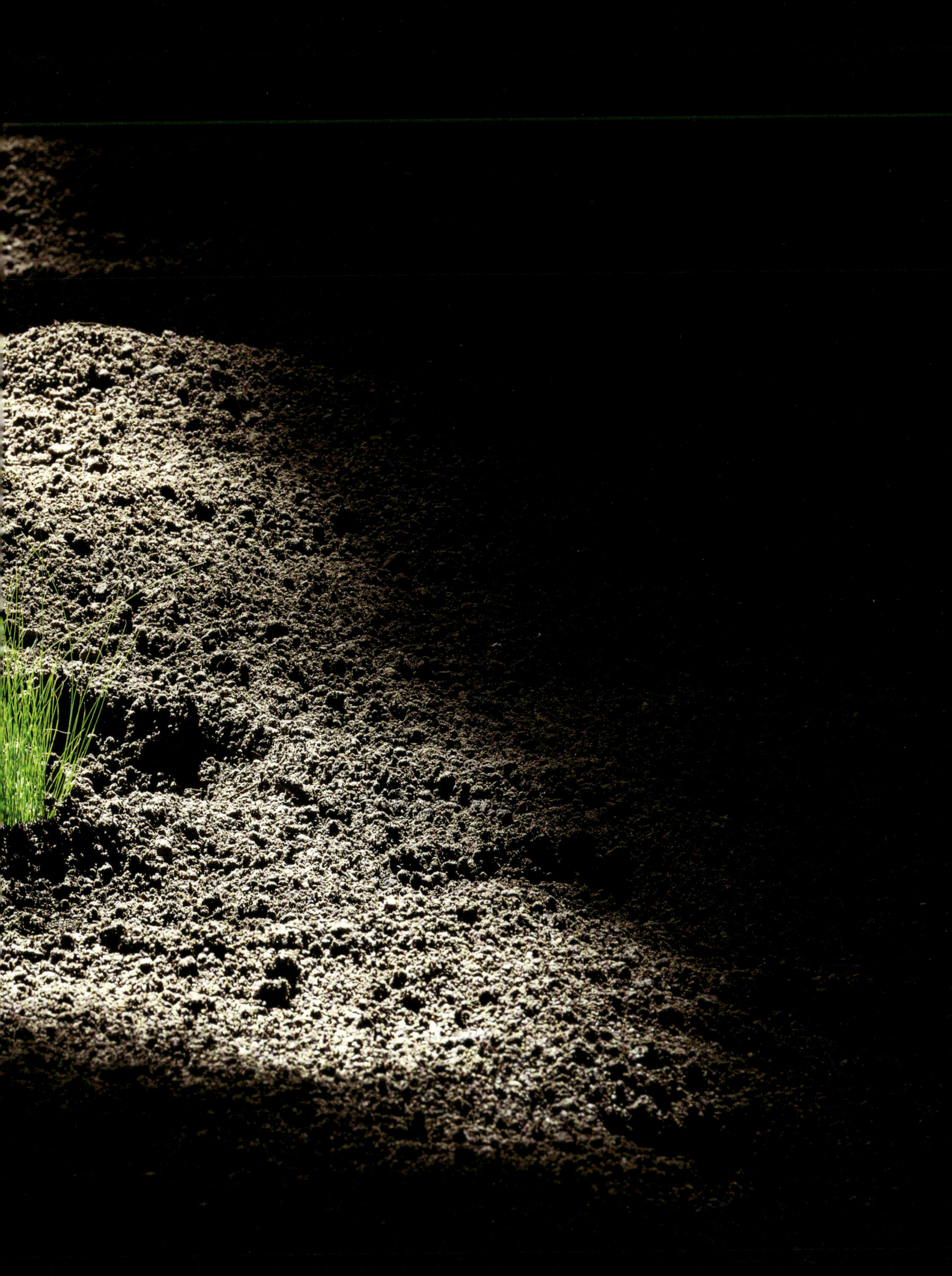

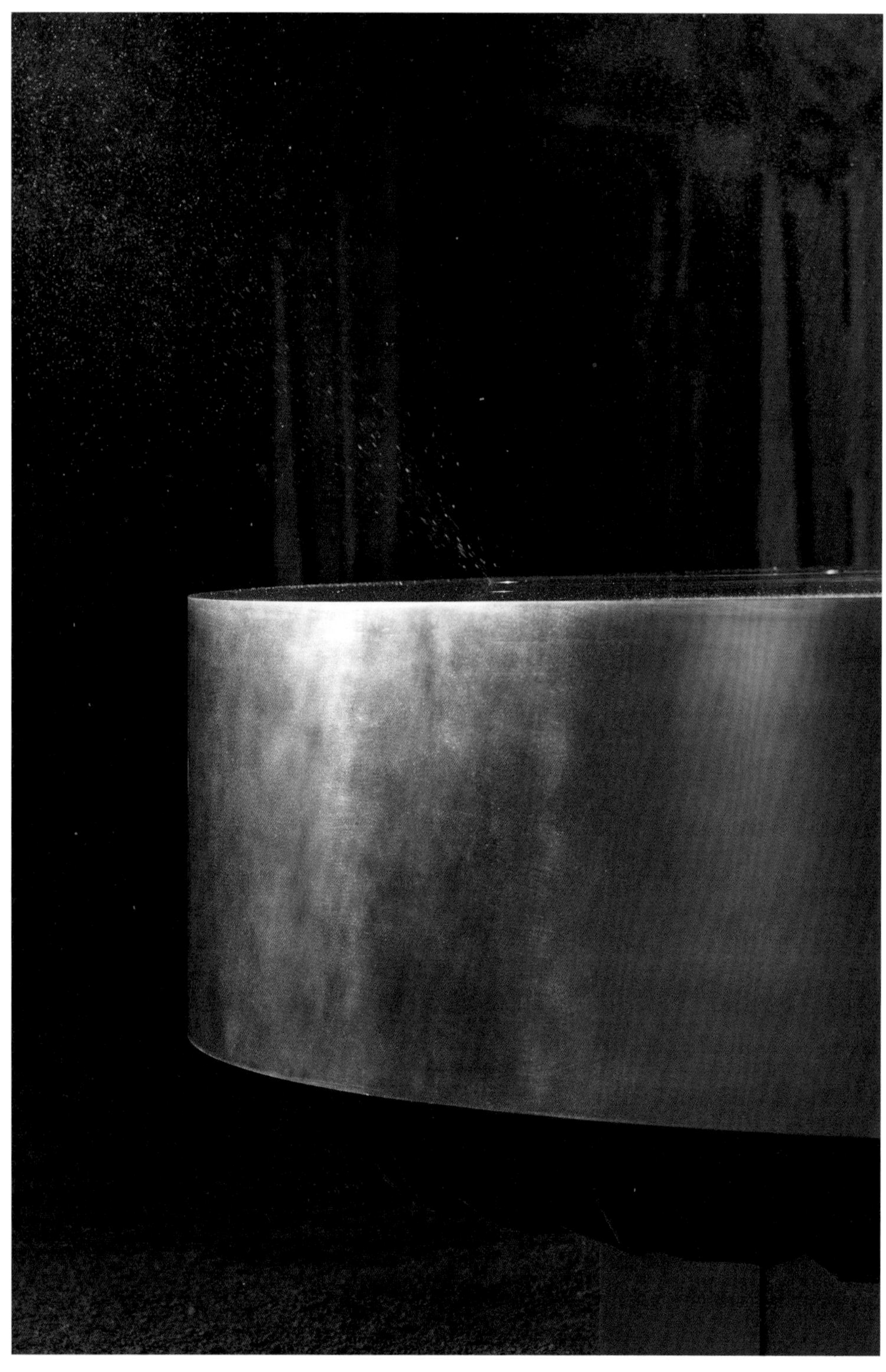

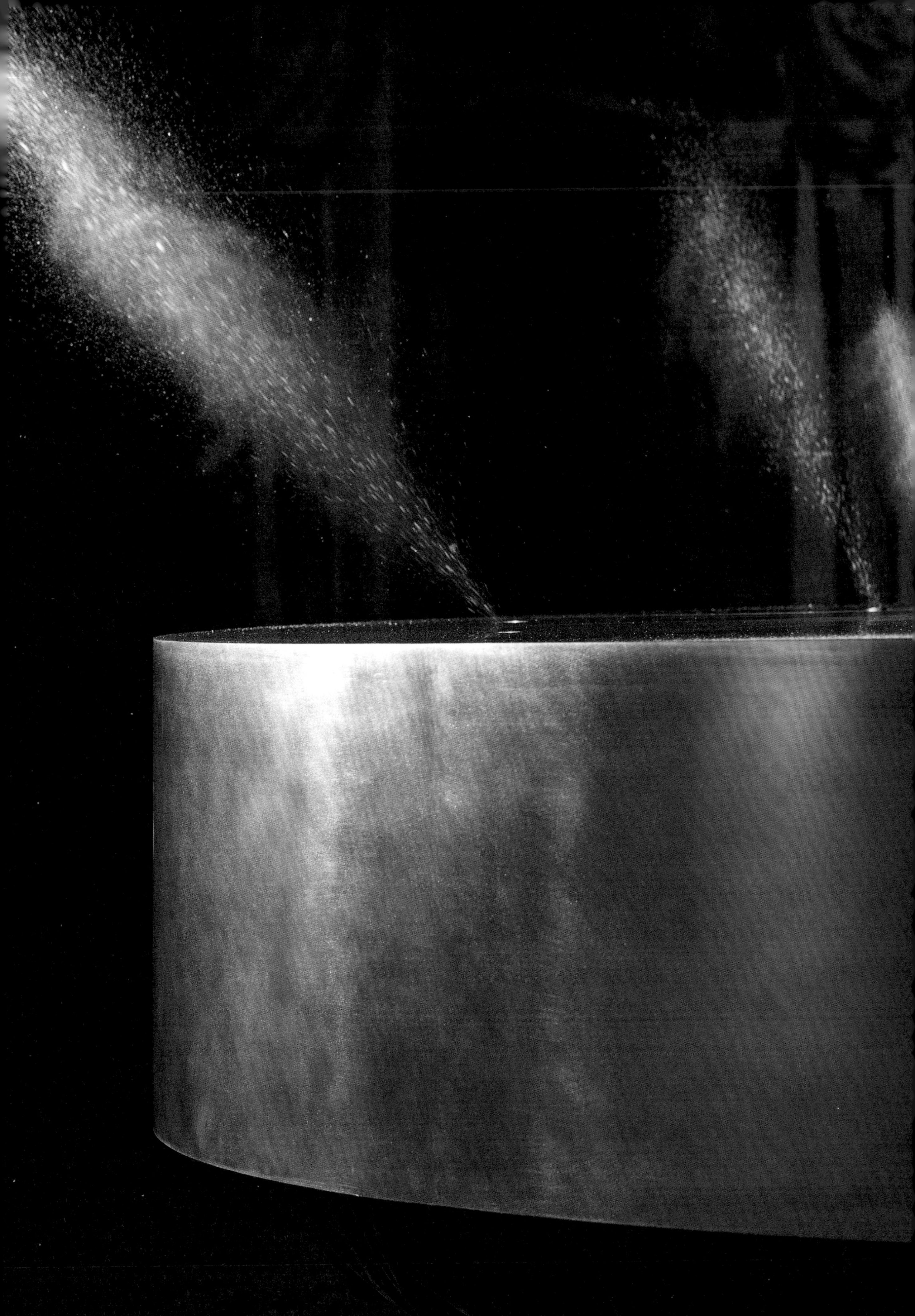

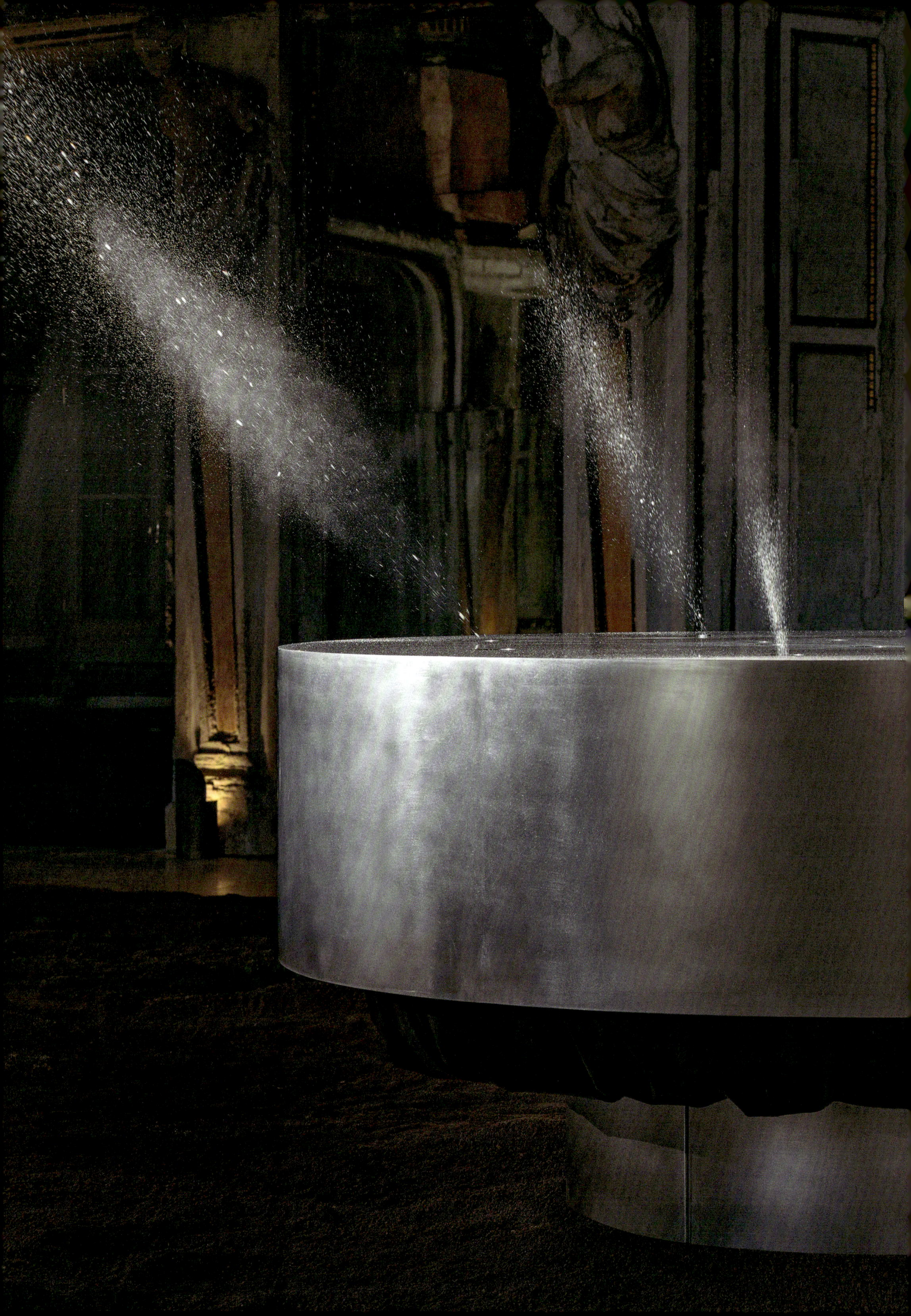

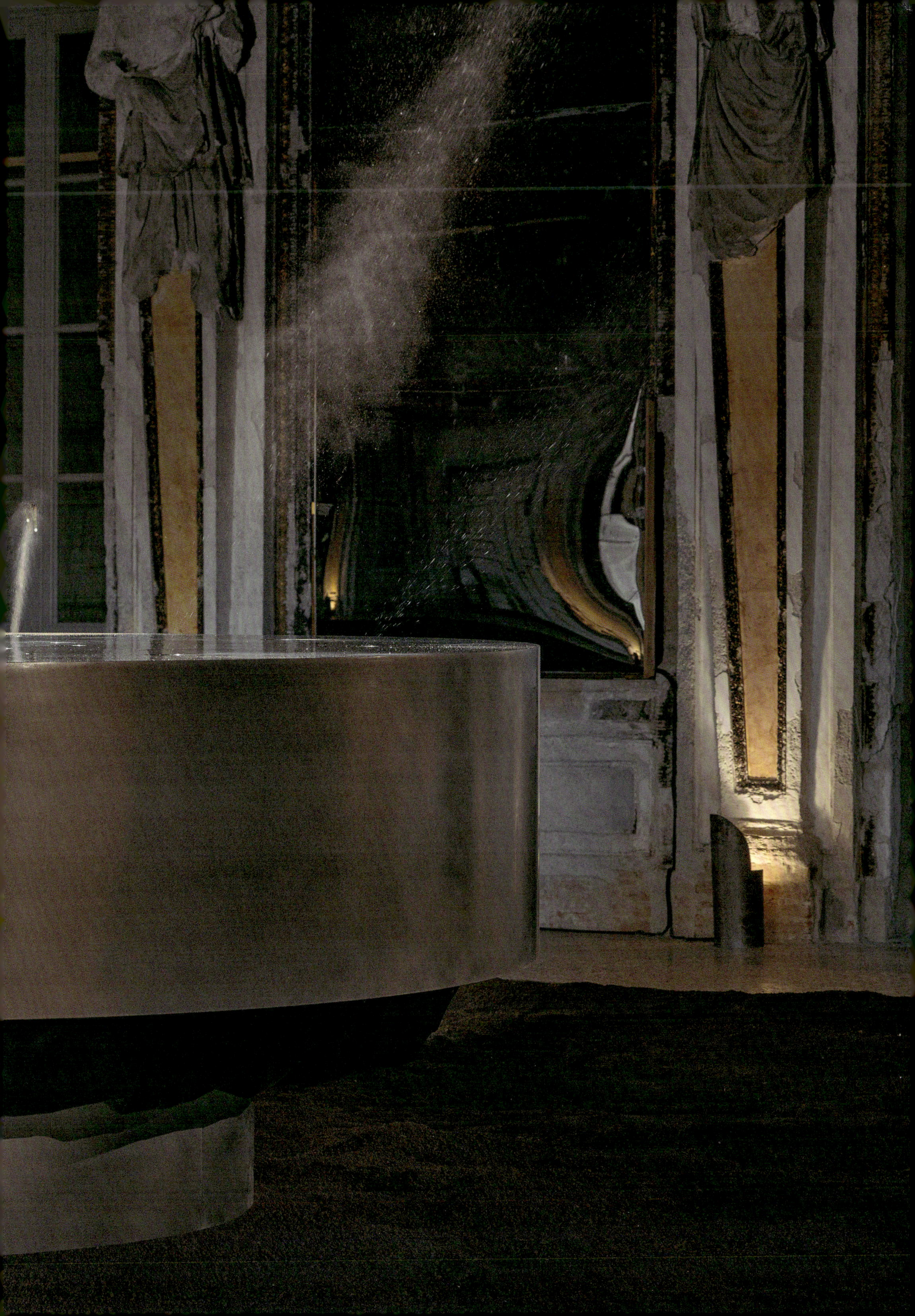

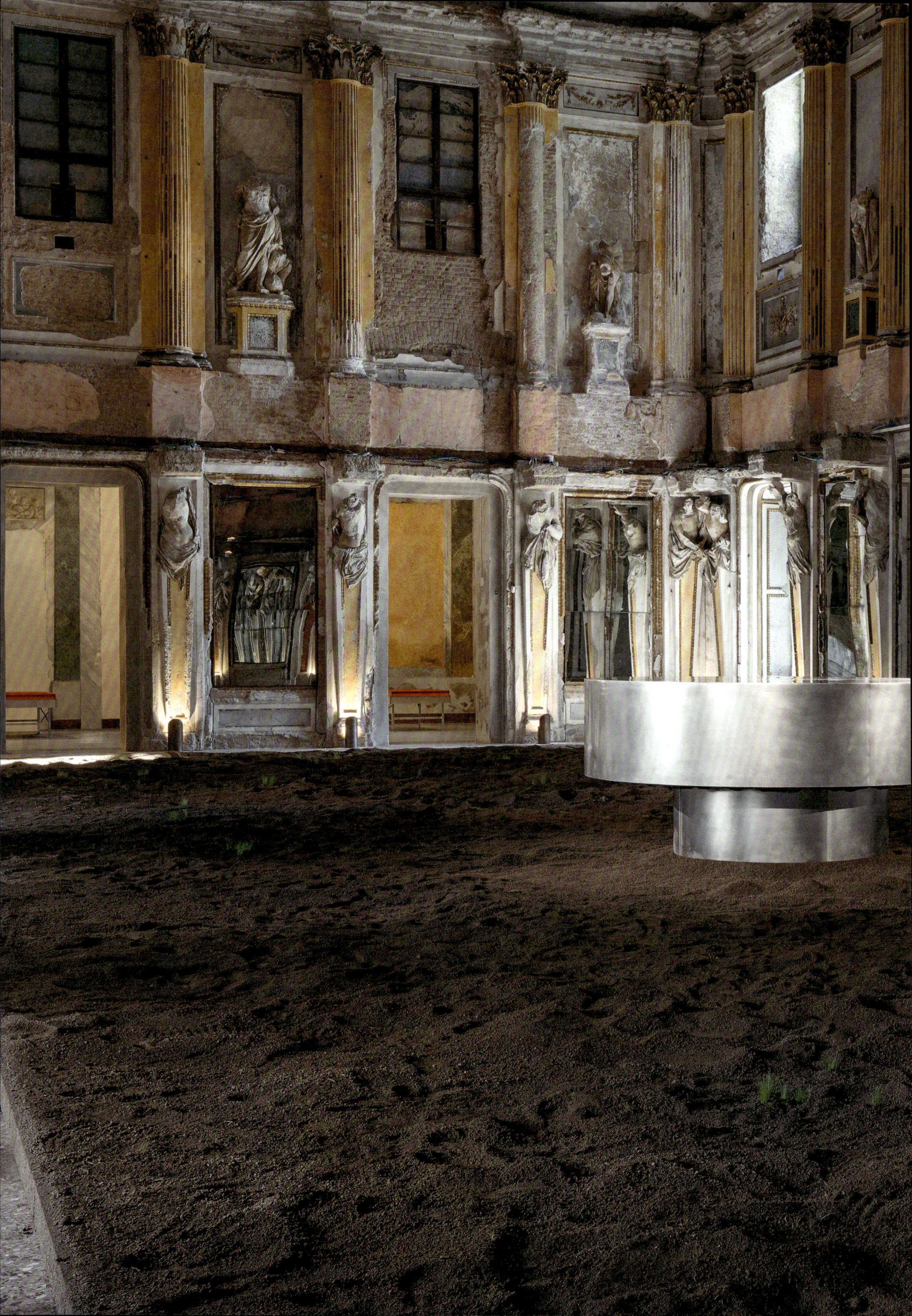

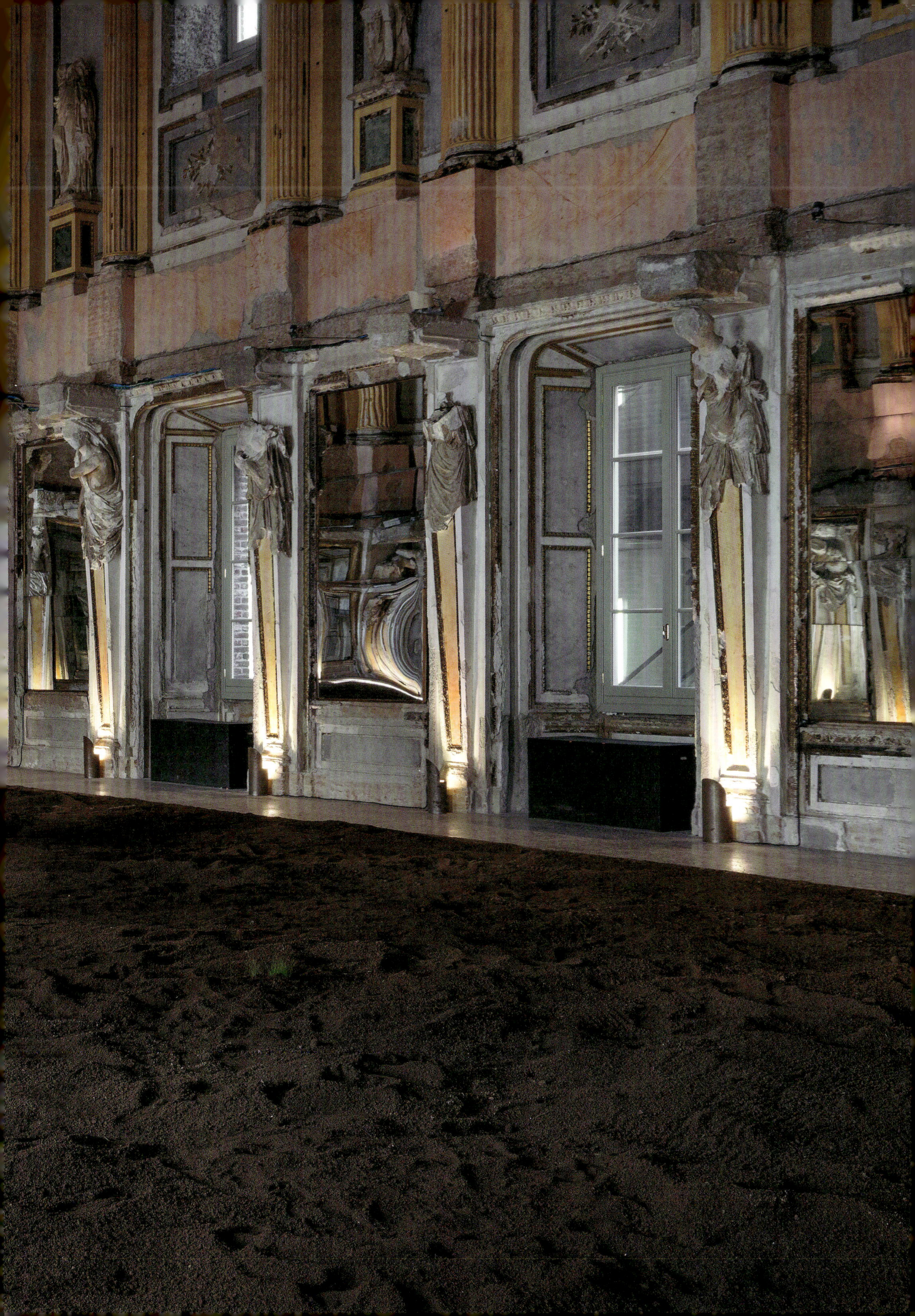

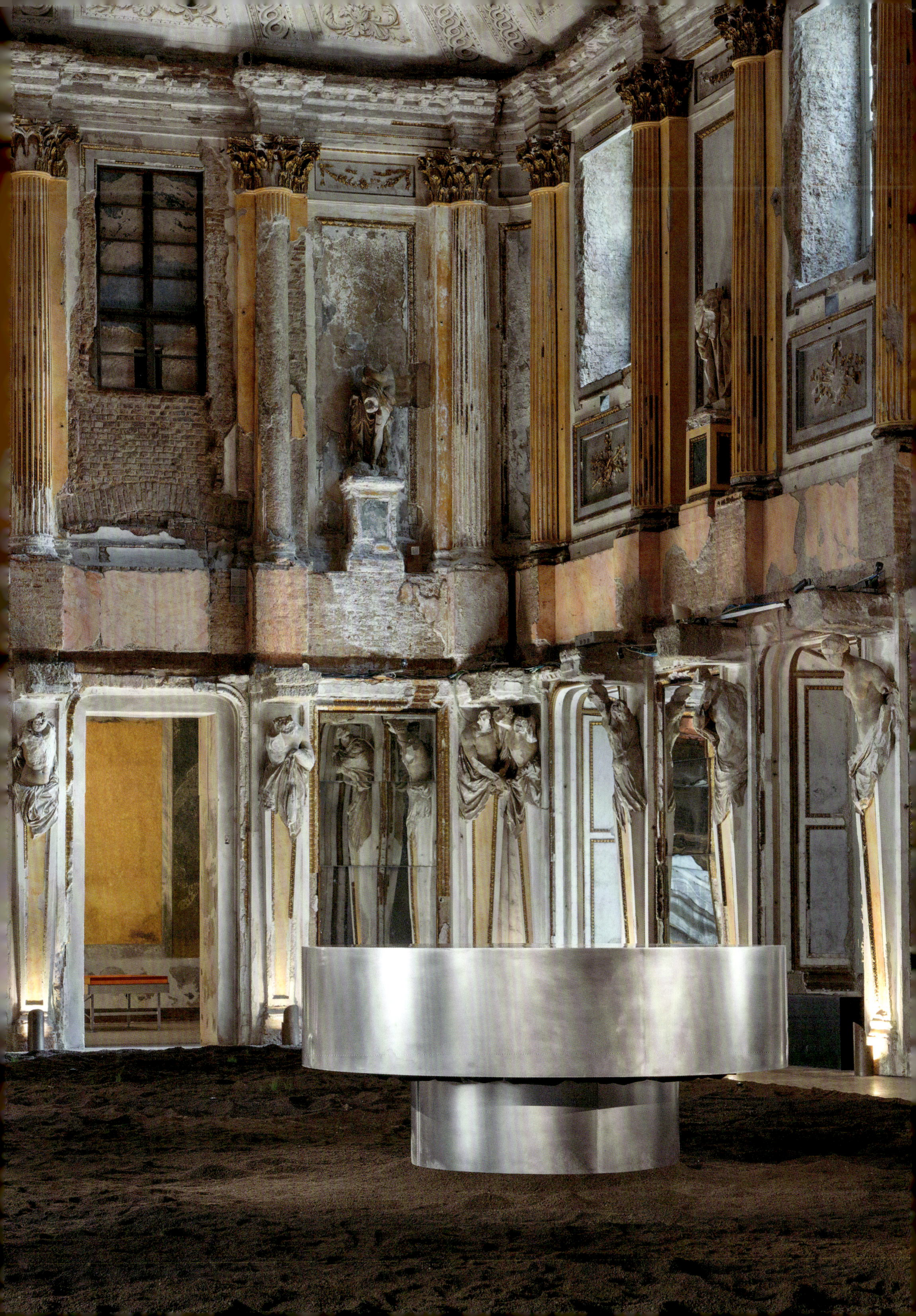

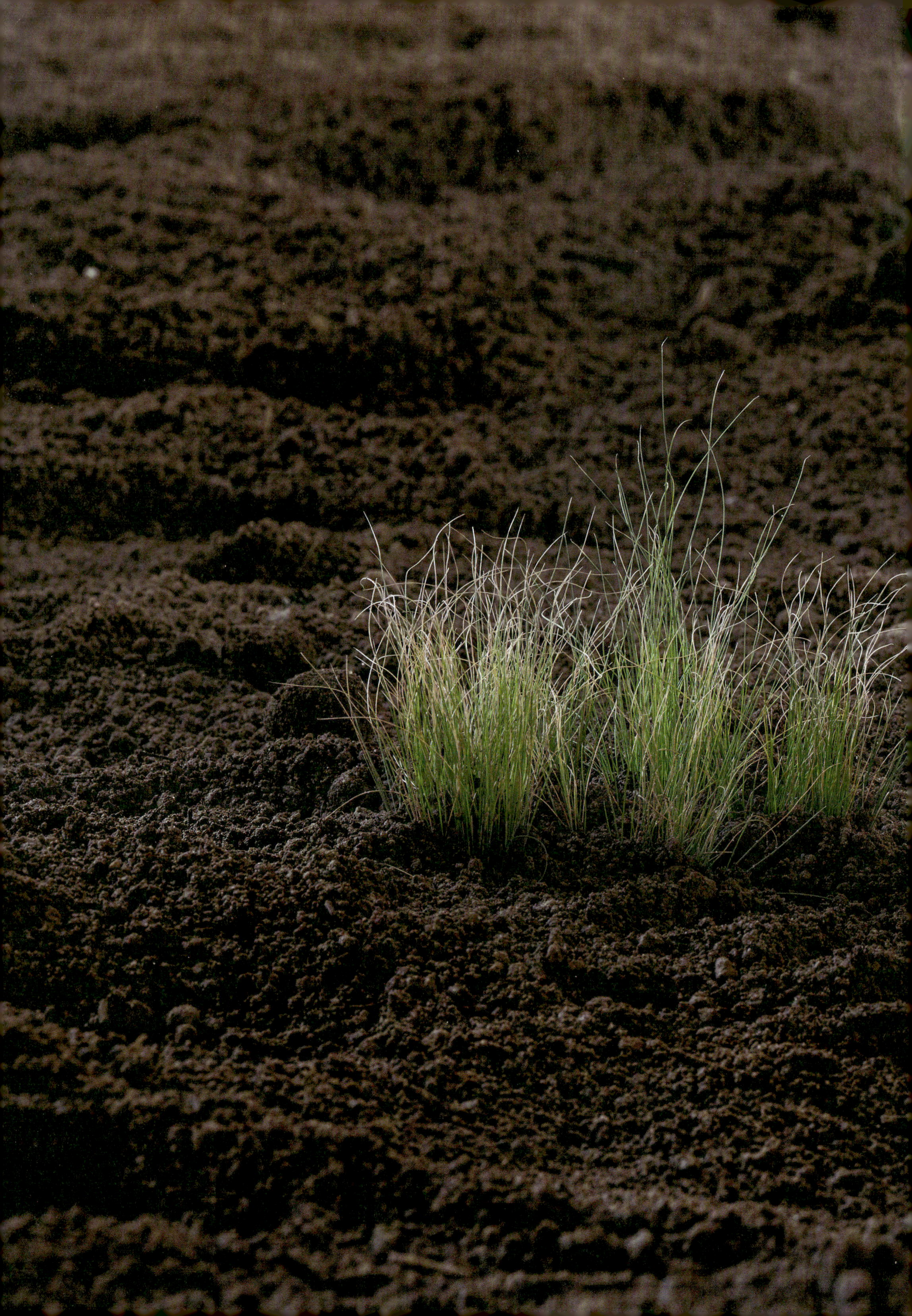

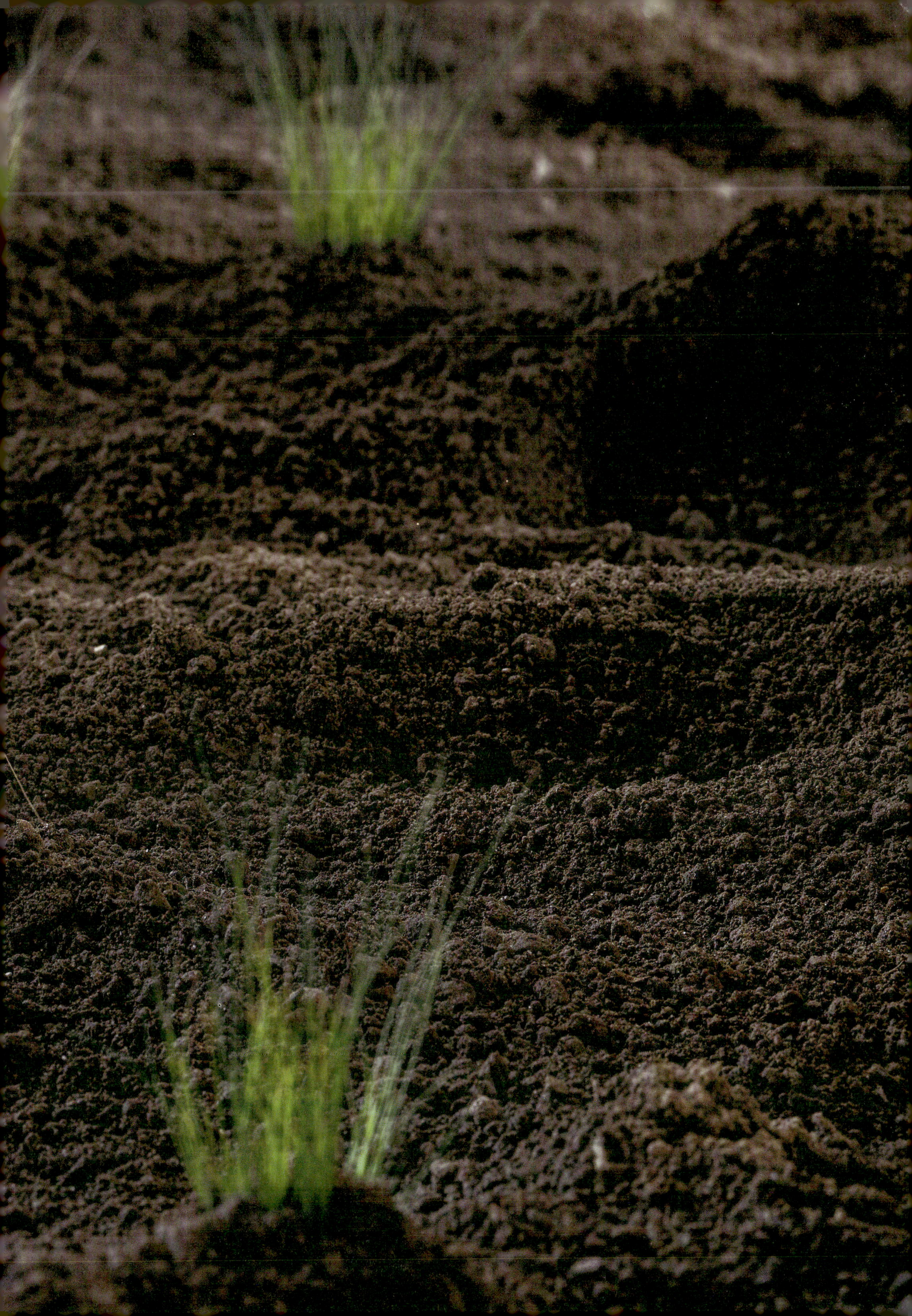

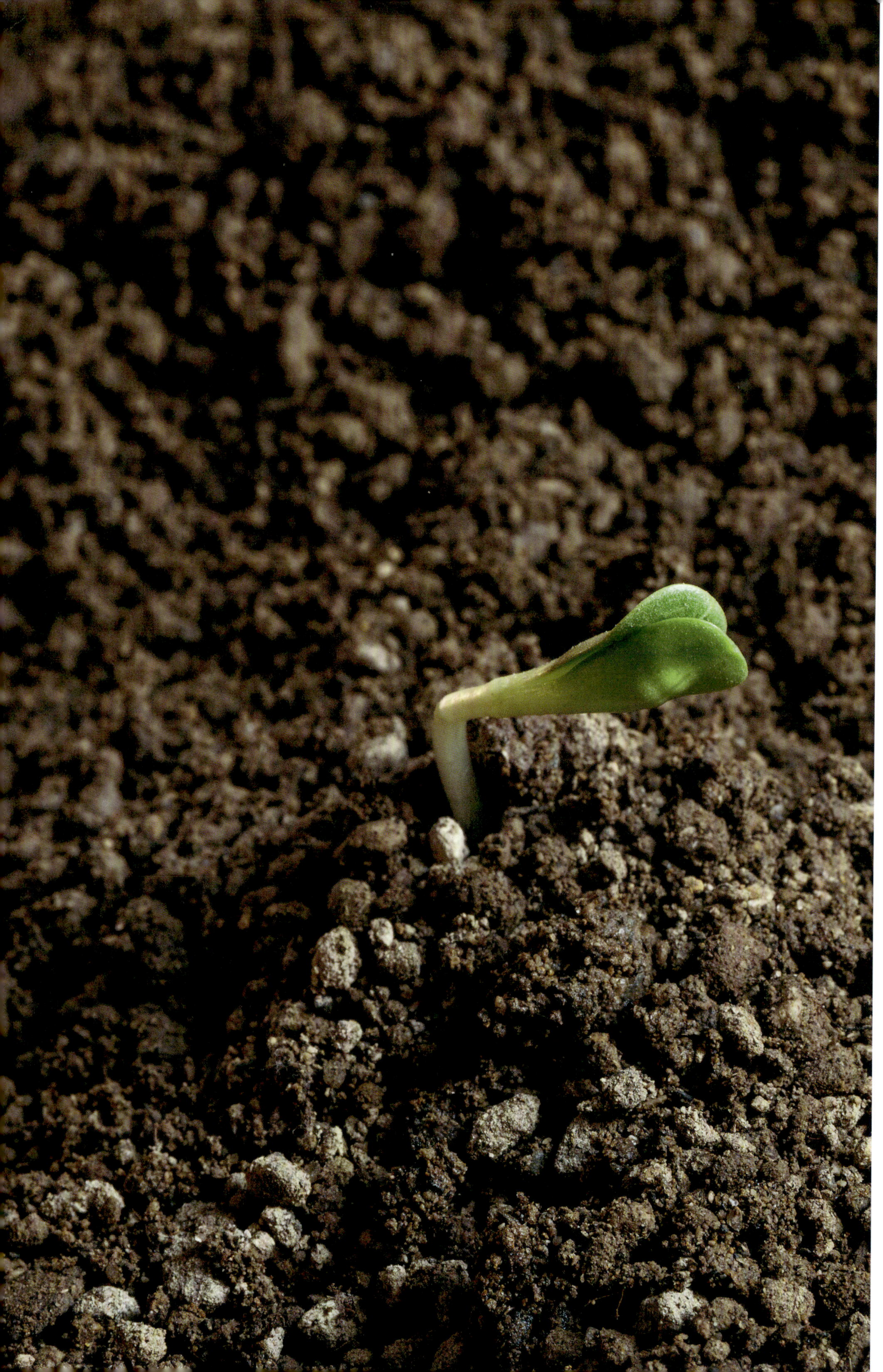

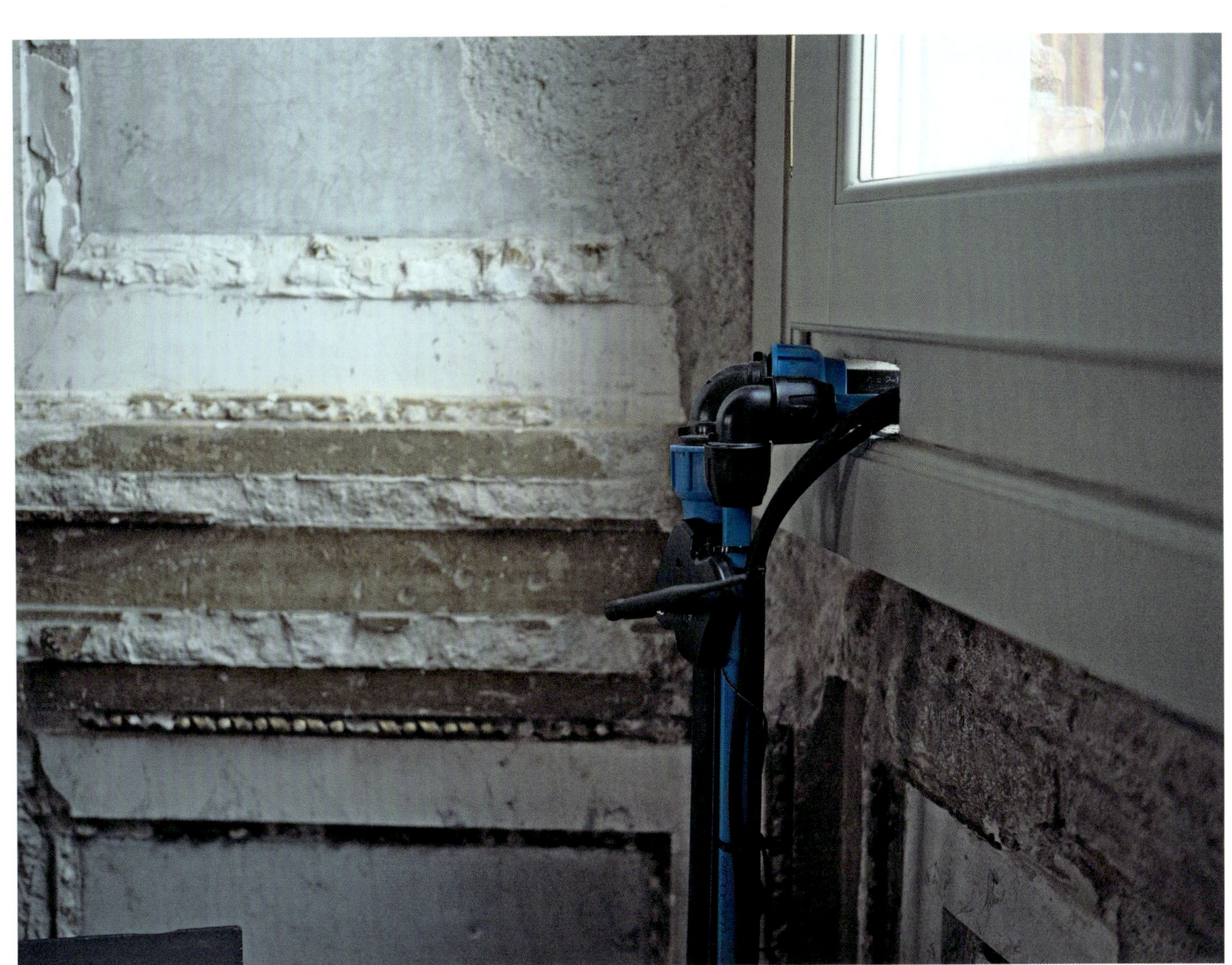

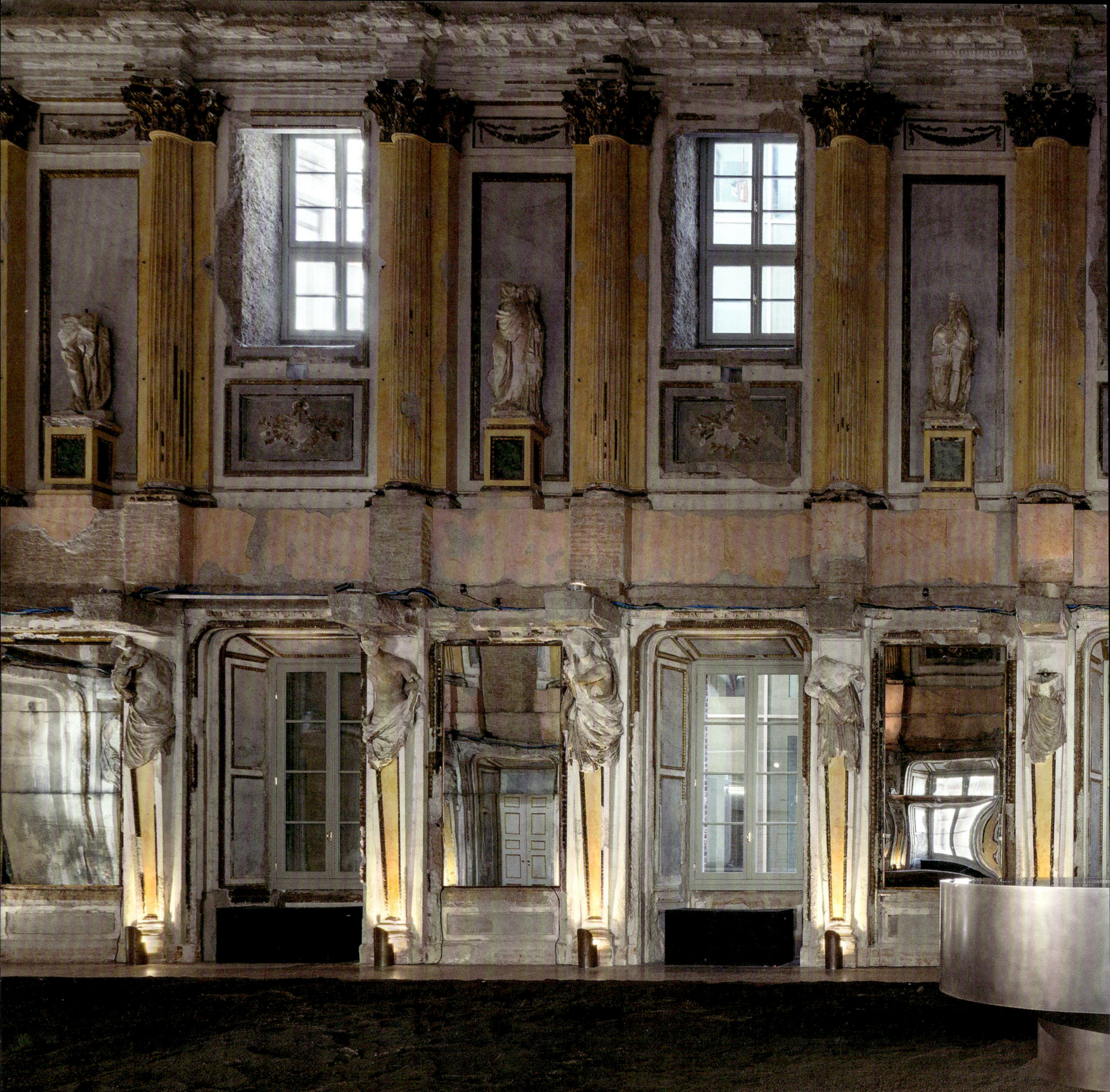

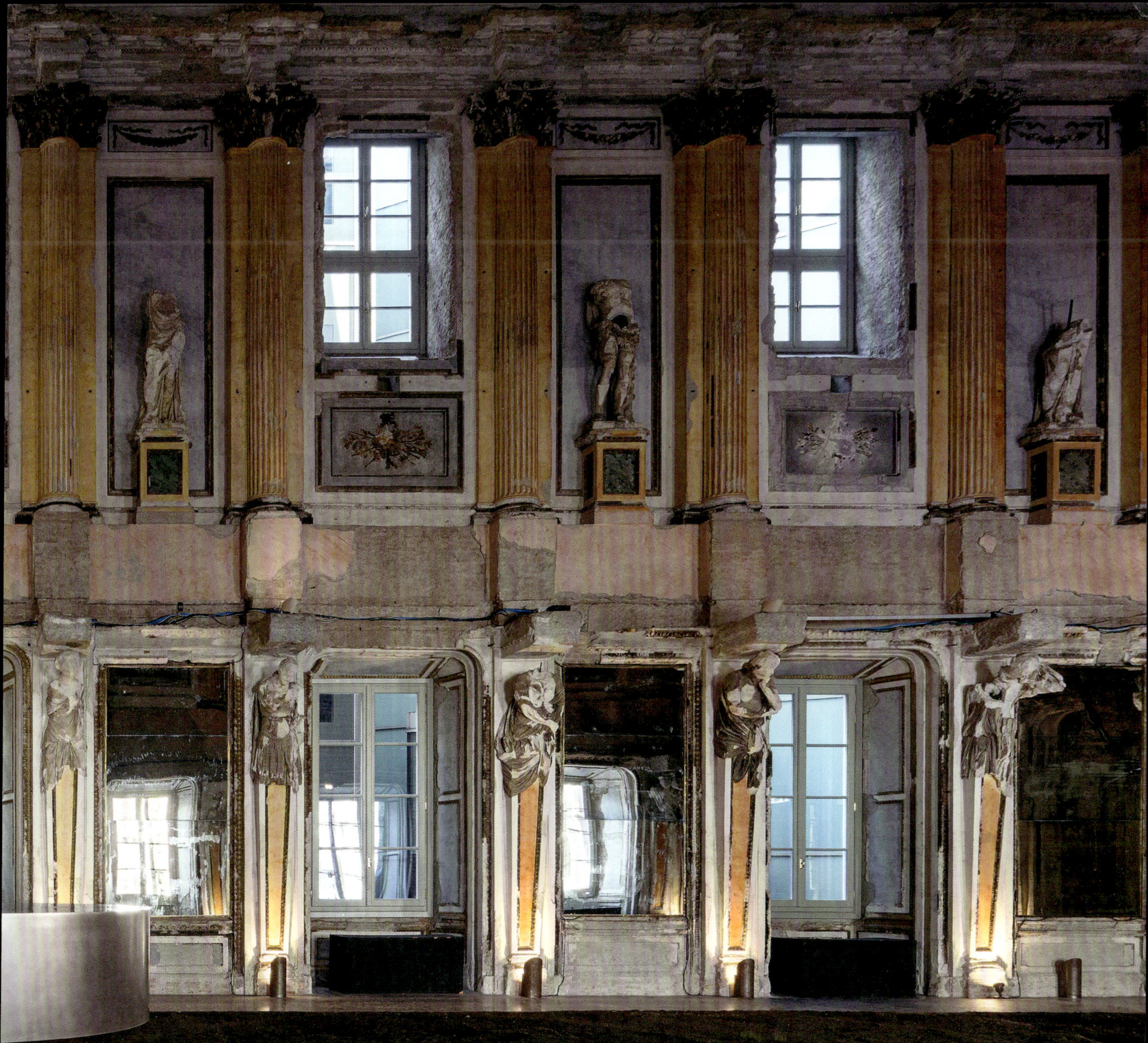

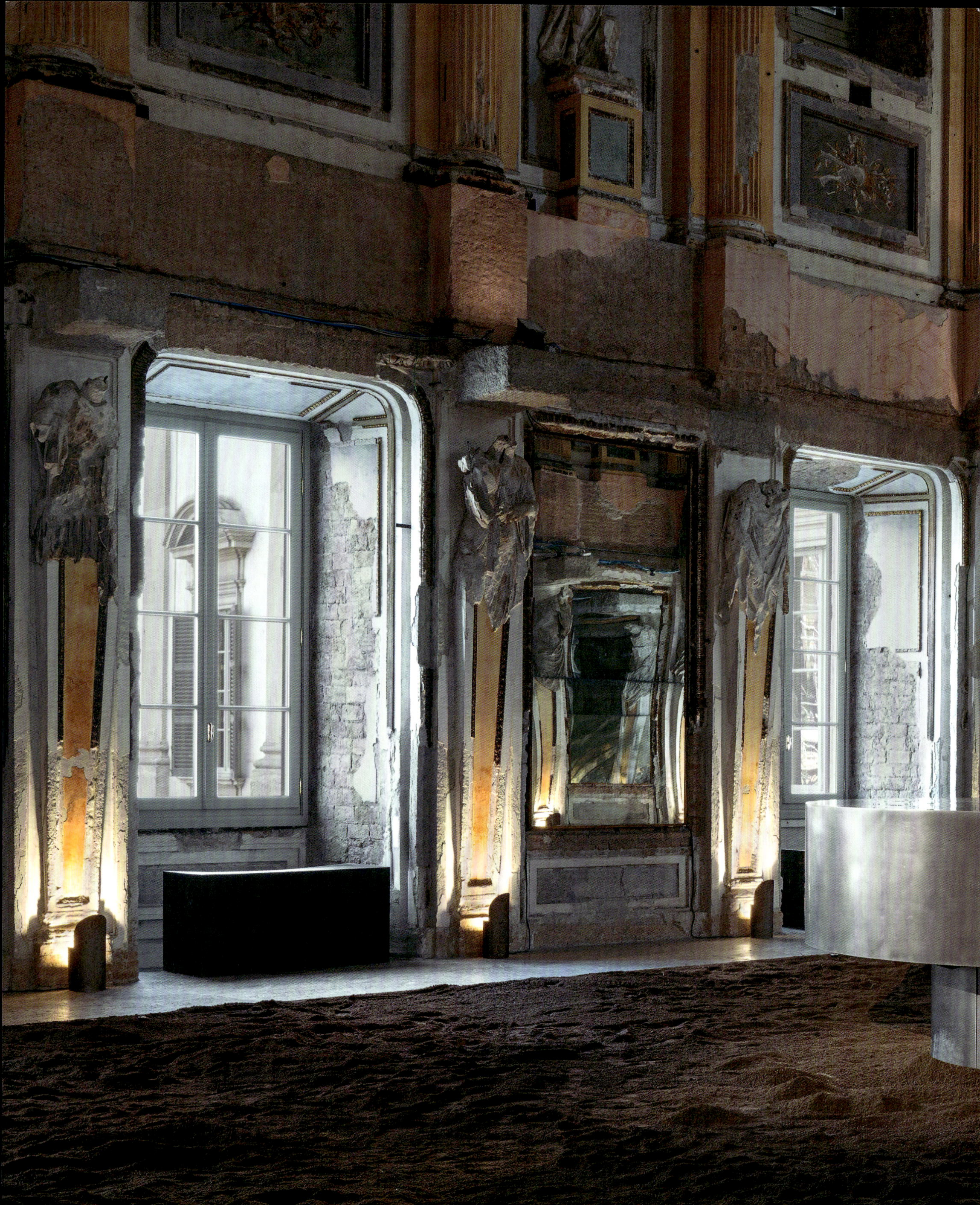

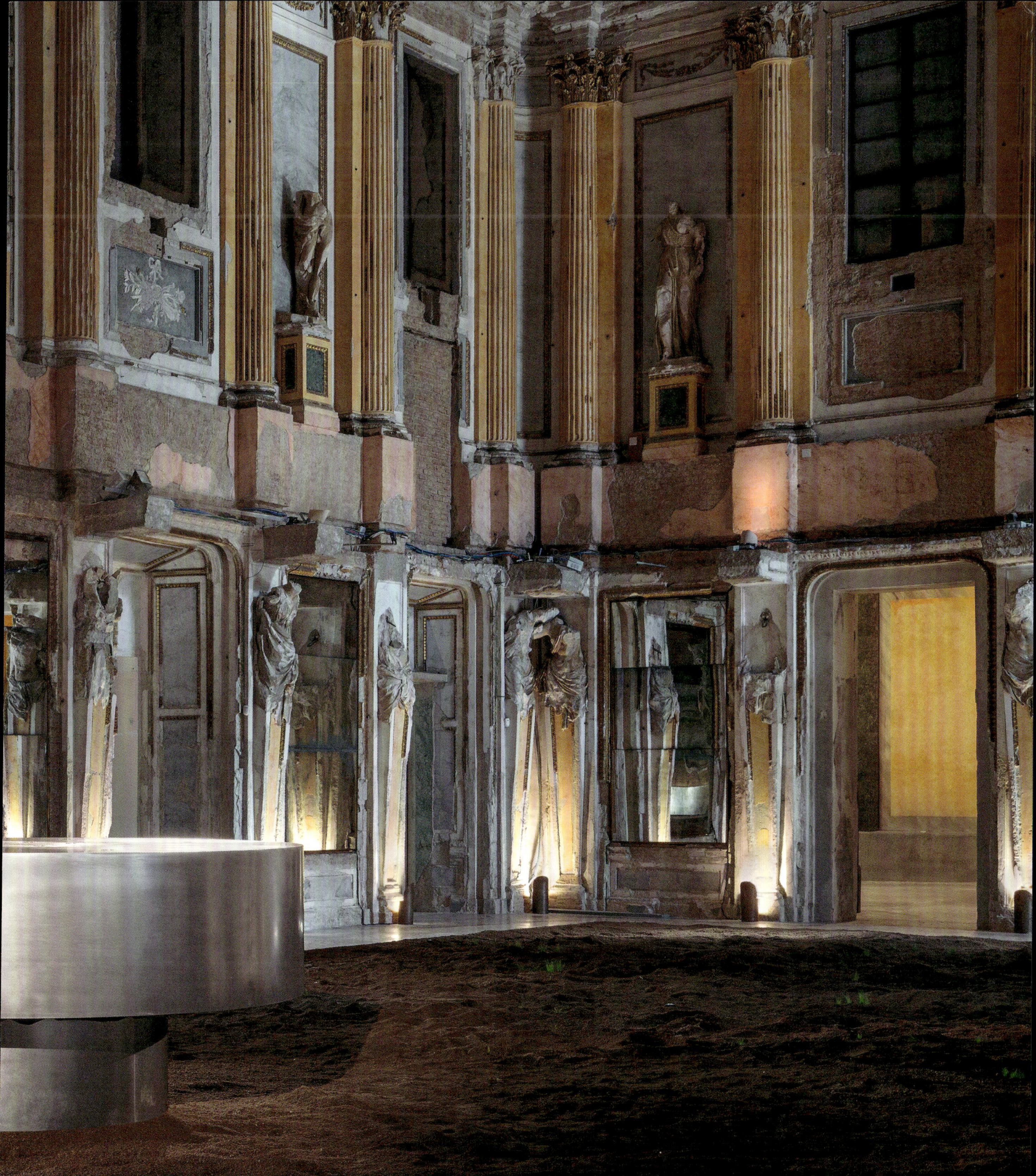

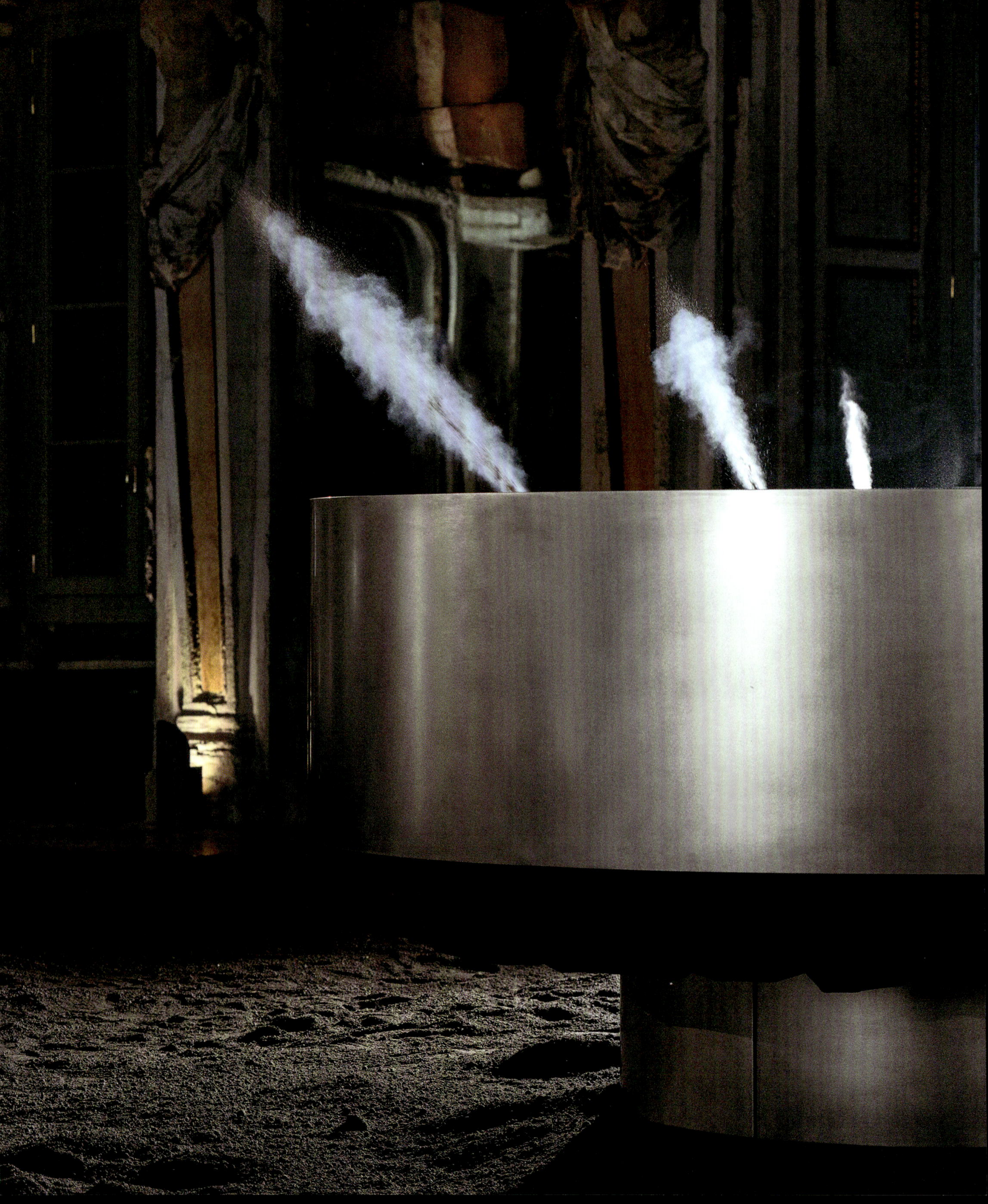

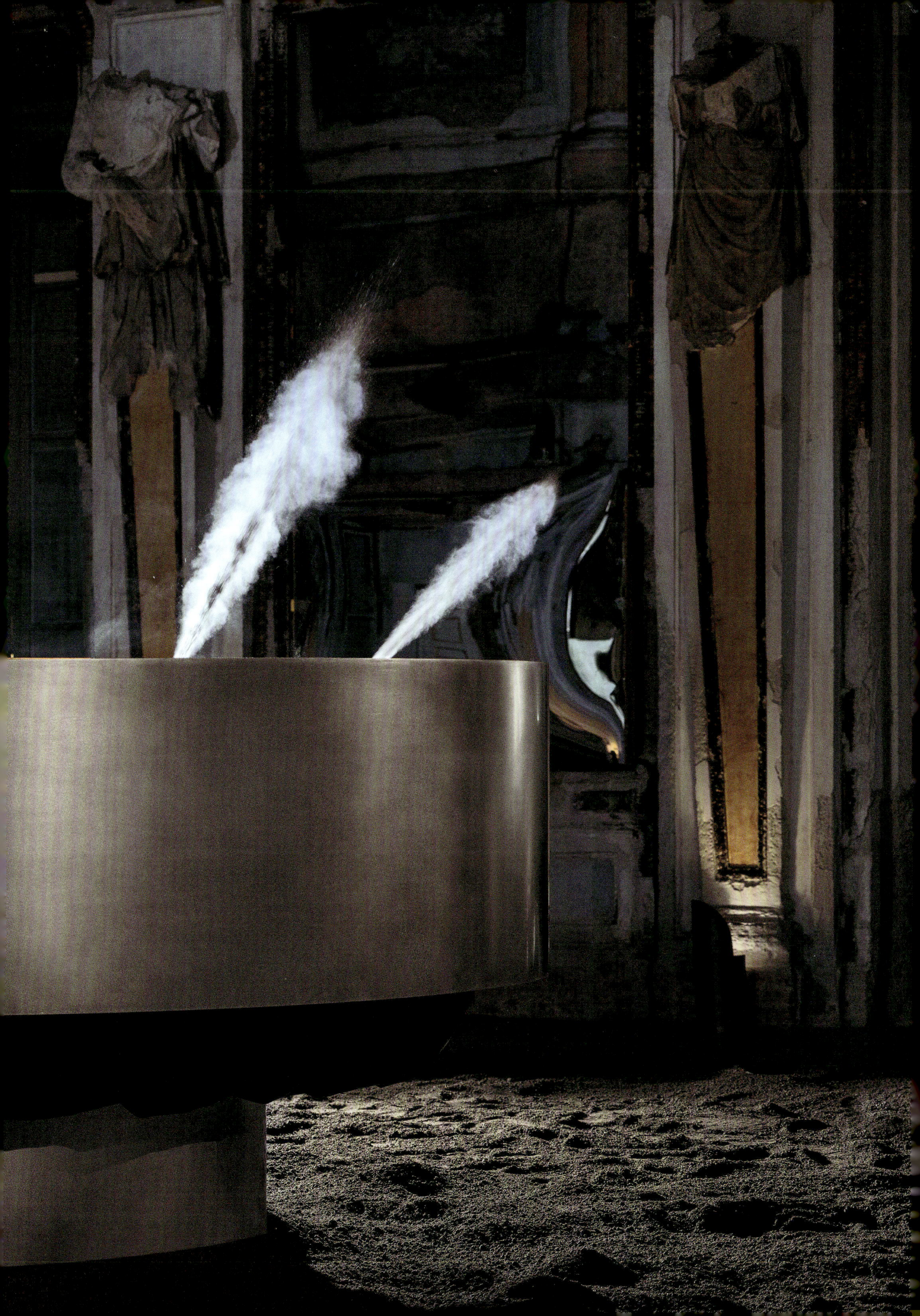

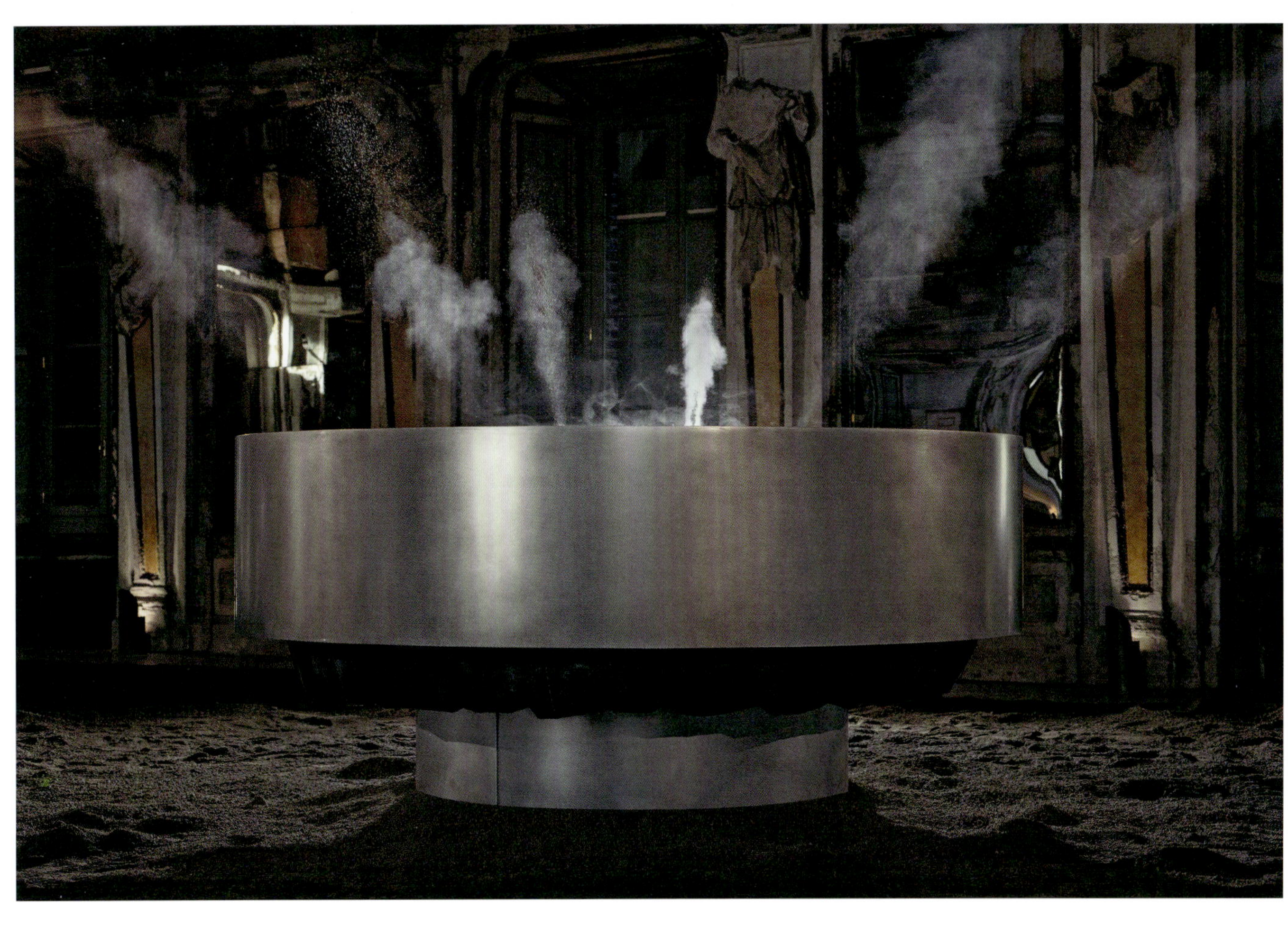

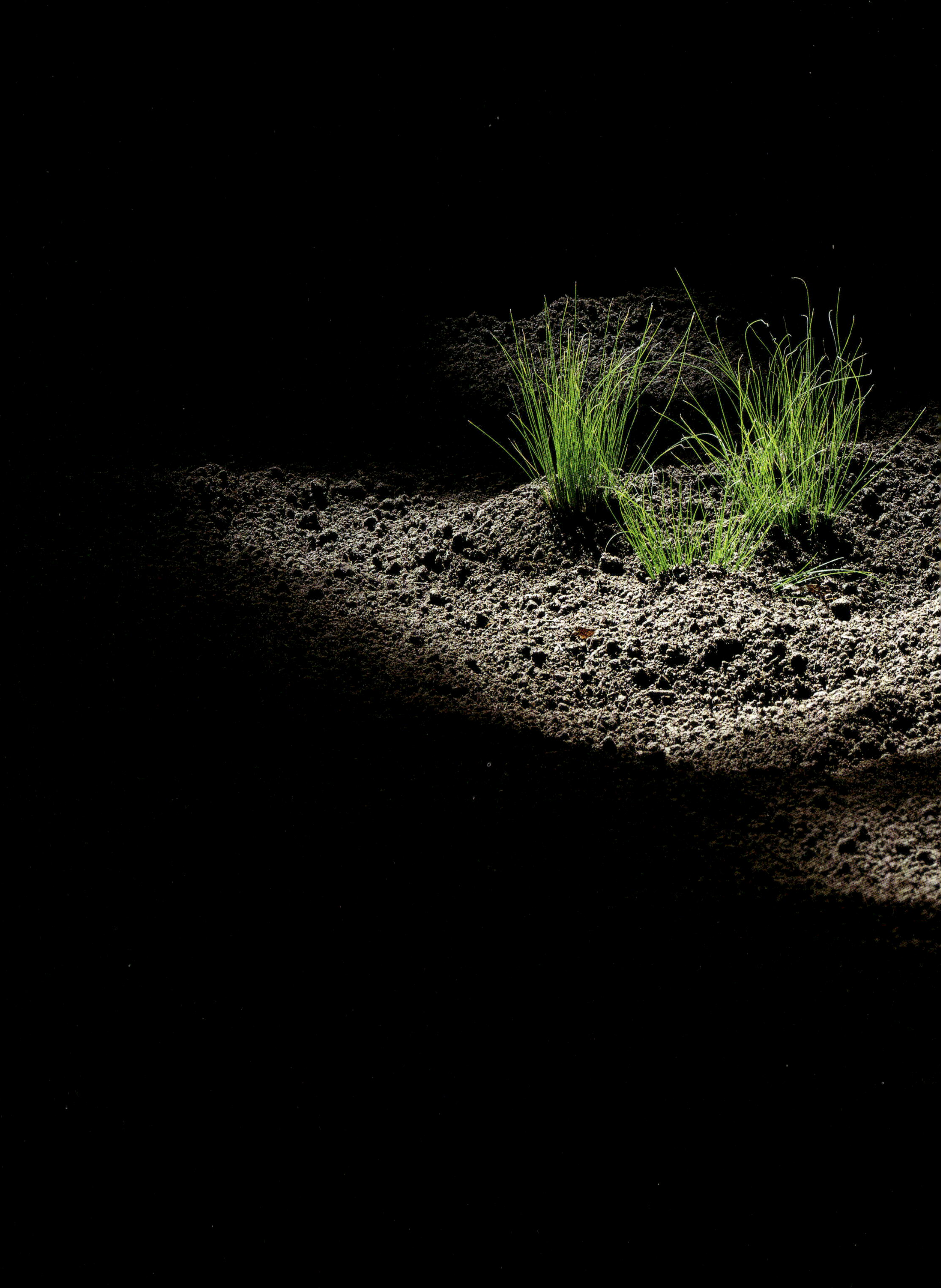

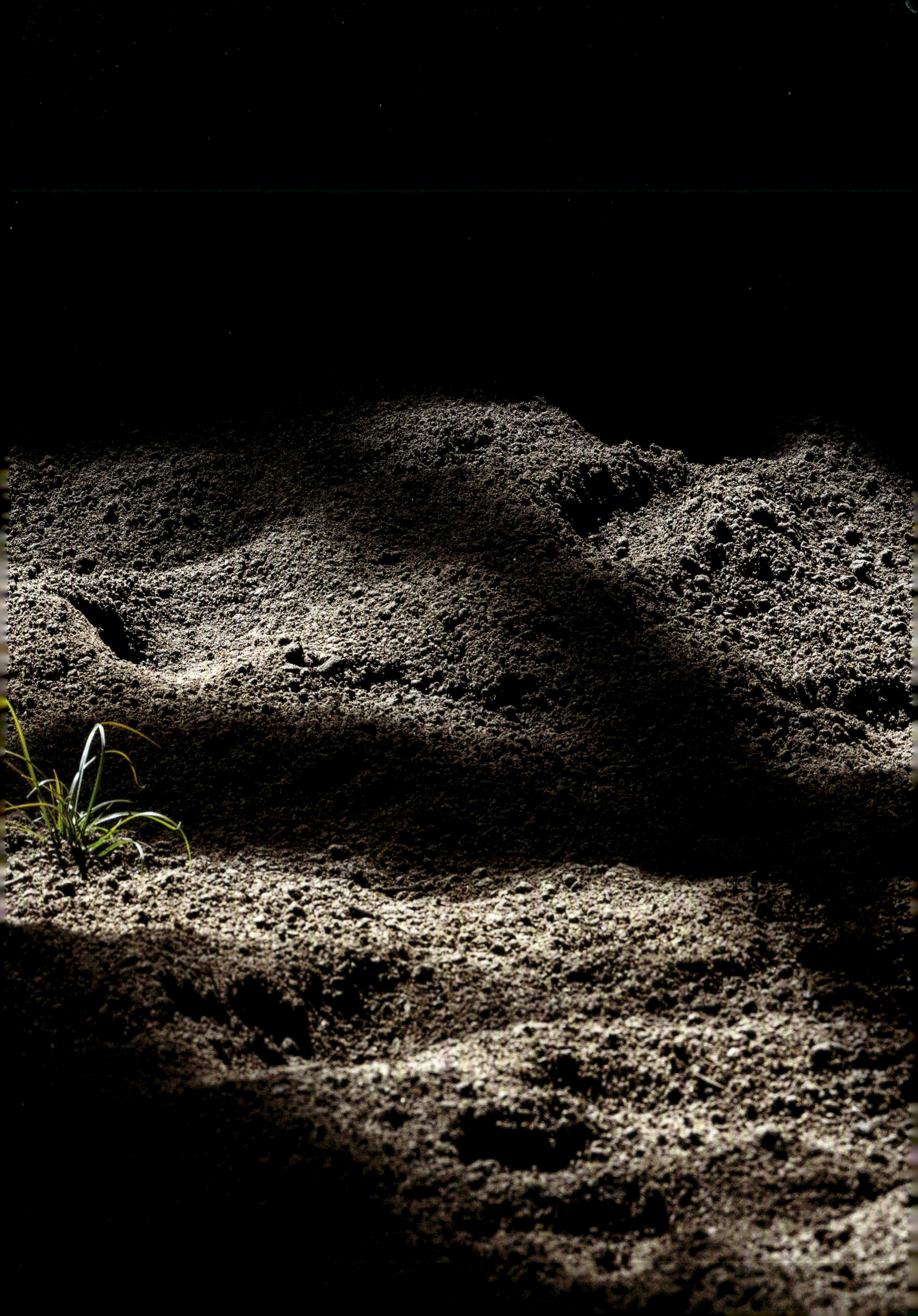

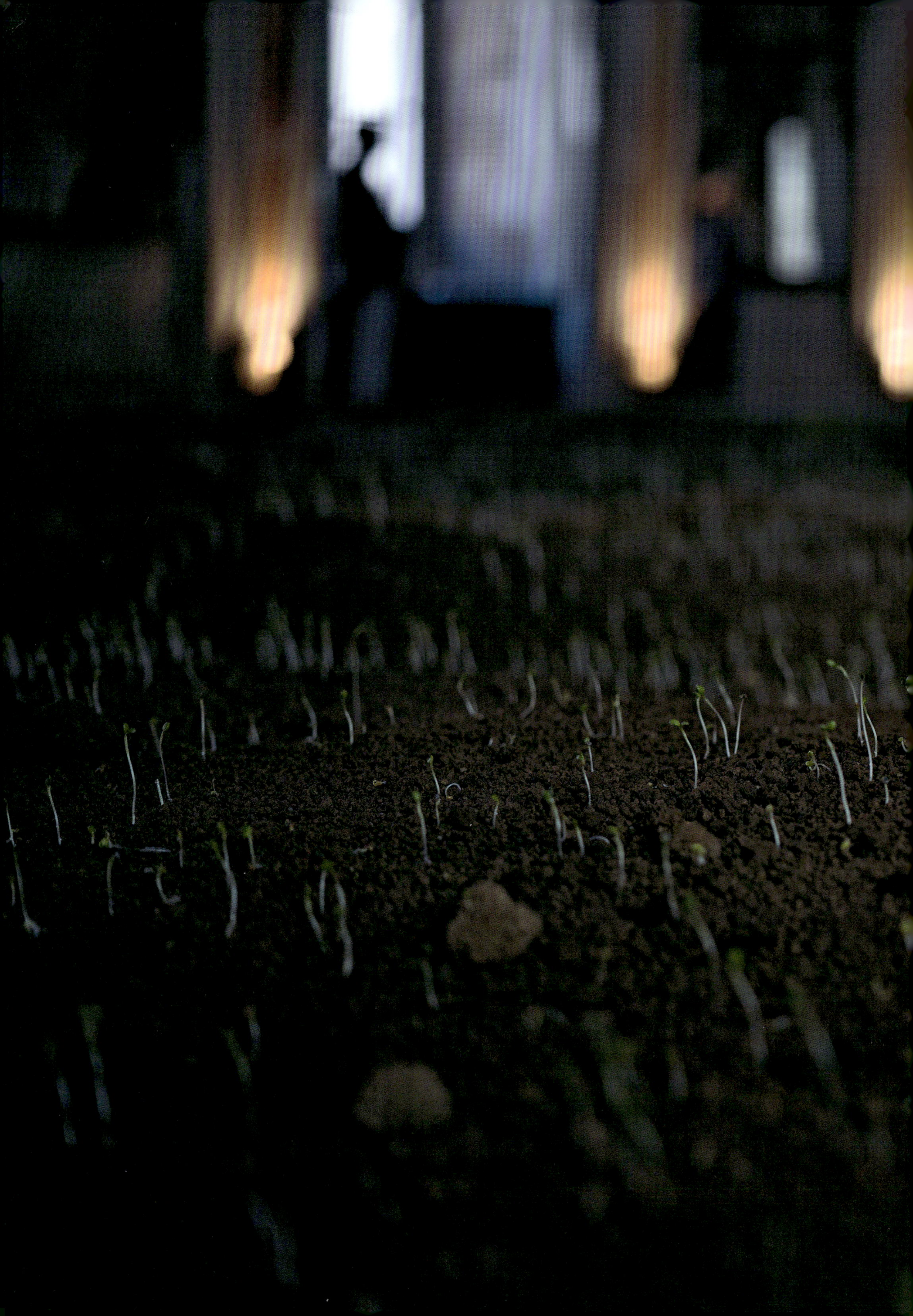

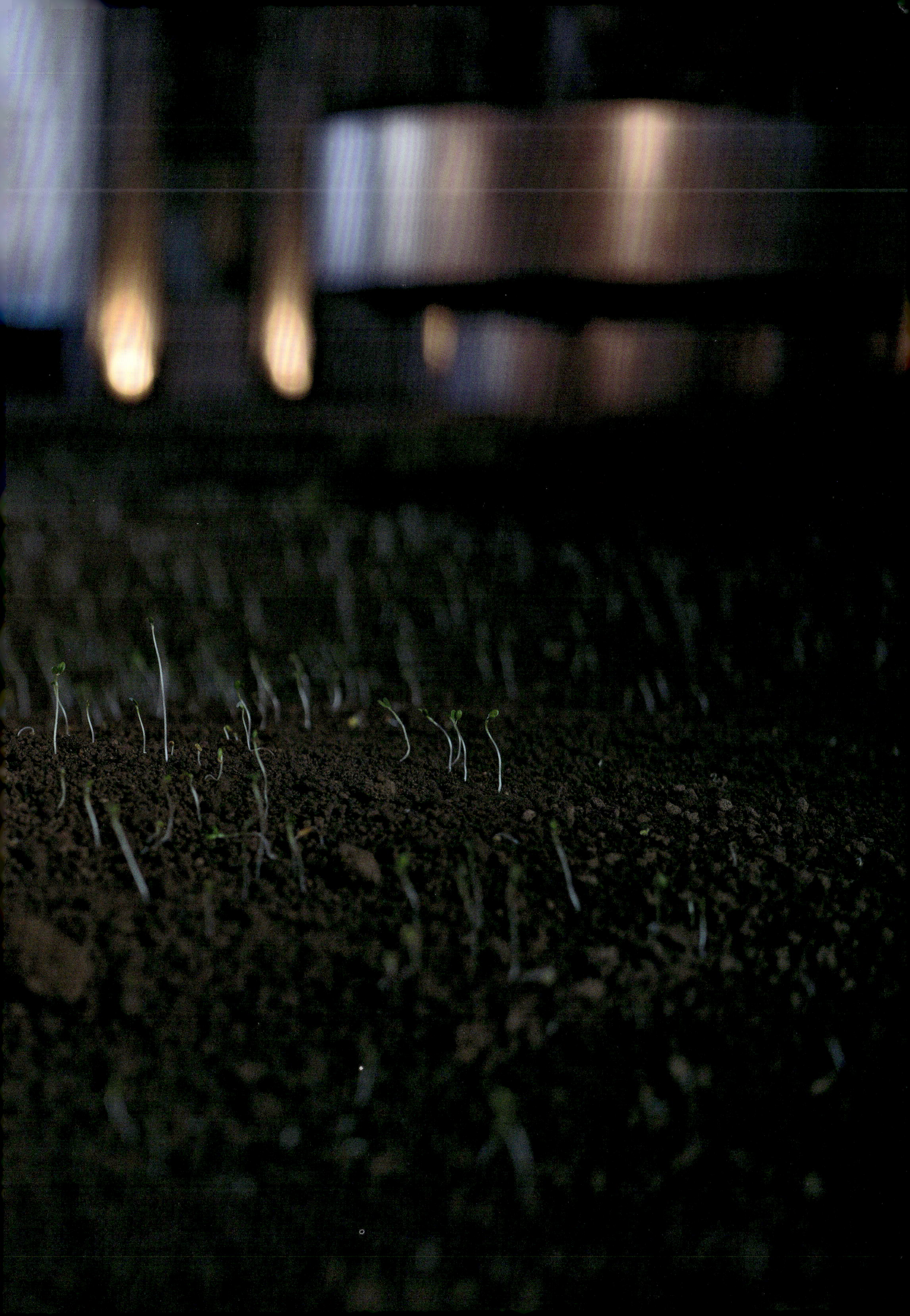

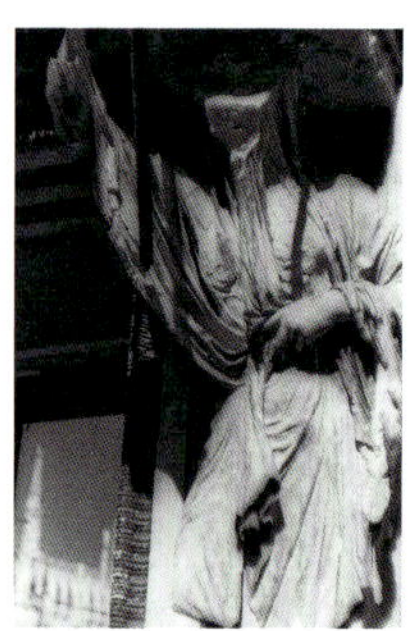

Claudio Emmer
Bombardamenti del
1943 a Palazzo Reale,
Milano, particolare della
Sala delle Cariatidi /
1943 bombings of
Palazzo Reale, Milan,
detail of Sala delle
Cariatidi
© Claudio Emmer, Civico
Archivio Fotografico,
Comune di Milano
p. 19

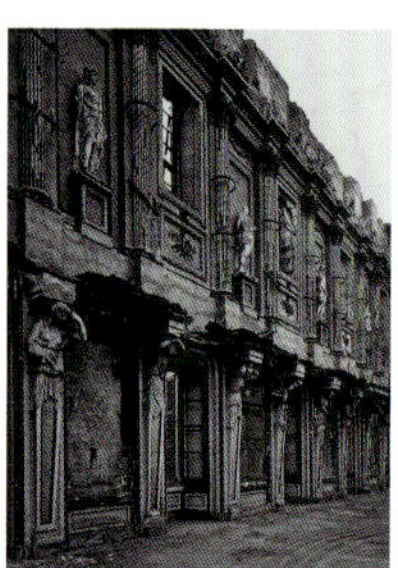

Antonio Paoletti
Sala delle Cariatidi,
Palazzo Reale, Milano /
Milan, 1943
© Antonio Paoletti,
Civico Archivio
Fotografico, Comune
di Milano
p. 20

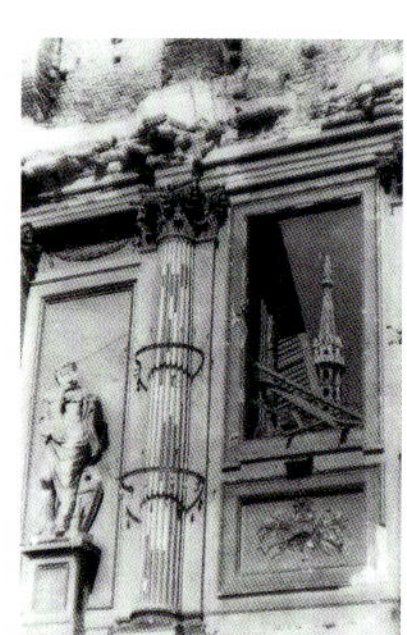

Claudio Emmer
Bombardamenti del
1943 a Palazzo Reale,
Milano, particolare della
Sala delle Cariatidi /
1943 bombings of
Palazzo Reale, Milan,
detail of Sala delle
Cariatidi
© Claudio Emmer, Civico
Archivio Fotografico,
Comune di Milano
p. 21

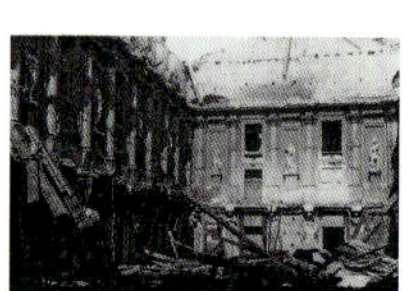

Claudio Emmer
Bombardamenti del
1943 a Palazzo Reale,
Milano, particolare della
Sala delle Cariatidi /
1943 bombings of
Palazzo Reale, Milan,
detail of Sala delle
Cariatidi
© Claudio Emmer, Civico
Archivio Fotografico,
Comune di Milano
pp. 22-23

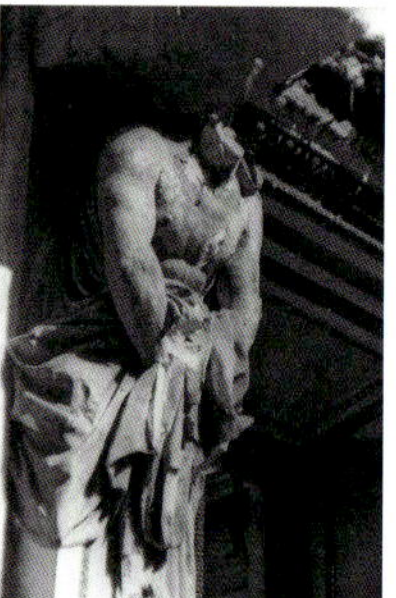

Claudio Emmer
Bombardamenti del
1943 a Palazzo Reale,
Milano, particolare della
Sala delle Cariatidi /
1943 bombings of
Palazzo Reale, Milan,
detail of Sala delle
Cariatidi
© Claudio Emmer, Civico
Archivio Fotografico,
Comune di Milano
p. 24

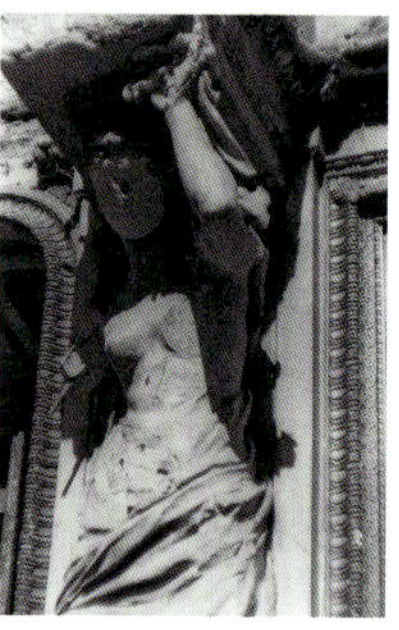

Claudio Emmer
Bombardamenti del
1943 a Palazzo Reale,
Milano, particolare della
Sala delle Cariatidi /
1943 bombings of
Palazzo Reale, Milan,
detail of Sala delle
Cariatidi
© Claudio Emmer, Civico
Archivio Fotografico,
Comune di Milano
p. 25

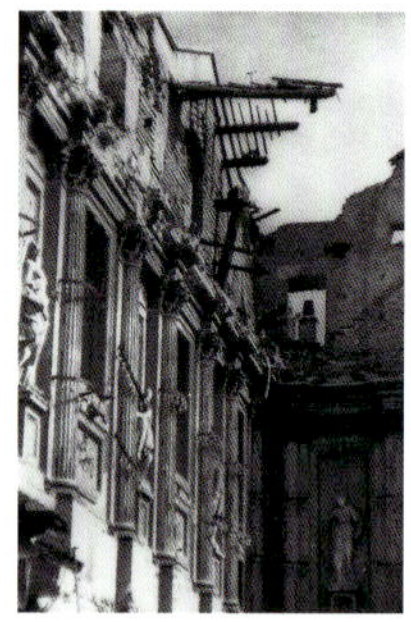

Claudio Emmer
Bombardamenti del
1943 a Palazzo Reale,
Milano, particolare della
Sala delle Cariatidi /
1943 bombings of
Palazzo Reale, Milan,
detail of Sala delle
Cariatidi
© Claudio Emmer, Civico
Archivio Fotografico,
Comune di Milano
p. 26

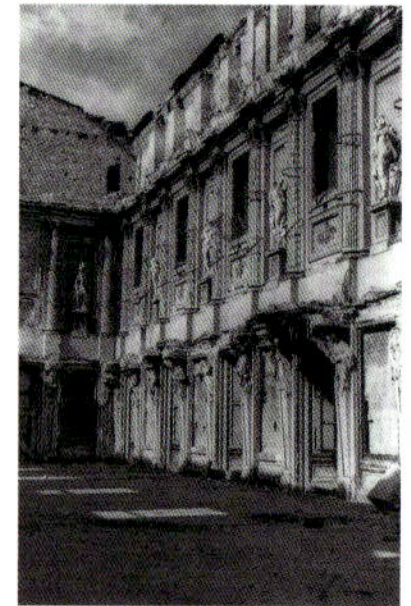

Claudio Emmer
Bombardamenti del
1943 a Palazzo Reale,
Milano, particolare della
Sala delle Cariatidi /
1943 bombings of
Palazzo Reale, Milan,
detail of Sala delle
Cariatidi
© Claudio Emmer, Civico
Archivio Fotografico,
Comune di Milano
p. 27

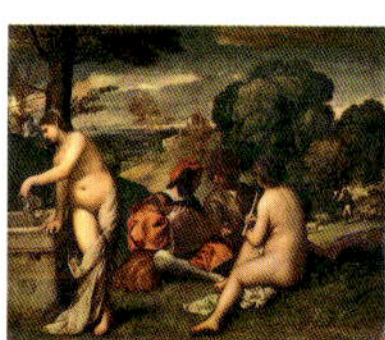

Tiziano Vecellio / Titian
*Concerto campestre /
Pastoral Concert*,
ca. 1509-1510
Olio su tela / Oil on
canvas, 105 × 137 cm
Paris, Musée du Louvre
pp. 28-29

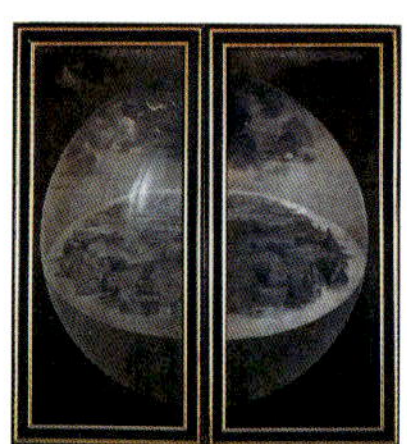

Hieronymus Bosch
Il giardino delle delizie
(trittico chiuso) /
*The Garden of Earthly
Delights* (closed
triptych), ca. 1490-1510
Olio su tavola / Oil on
panel, 220 × 389 cm
Madrid, Museo Nacional
del Prado
p. 31

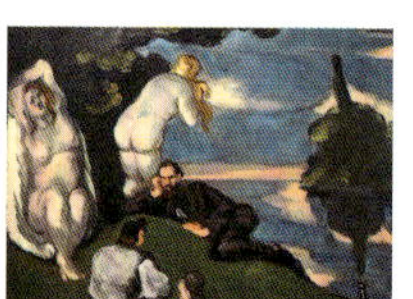

Paul Cézanne
Pastorale / Pastoral,
ca. 1870
Olio su tela / Oil on
canvas, 55 × 91 cm
Berlin, Staatliche
Museen zu Berlin –
Gemäldegalerie
pp. 32-33

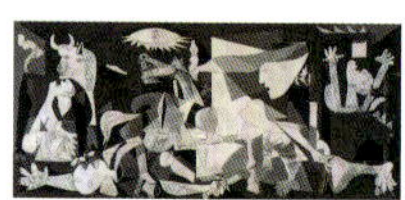

Pablo Picasso
Guernica, 1937
Olio su tela / Oil on
canvas, 349 × 776 cm
Madrid, Museo Nacional
Centro de Arte Reina Sofía
pp. 34-35

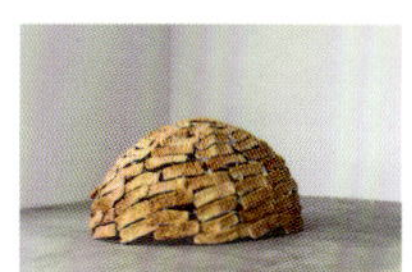

Mario Merz
Senza titolo / Untitled,
1989
Struttura in tubolare
di acciaio, rete
metallica, pani /
Structure in tubular
steel, metal mesh,
bread, circonferenza /
circumference 300 cm
photo © Renato Ghiazza
Courtesy Fondazione
Merz
p. 36

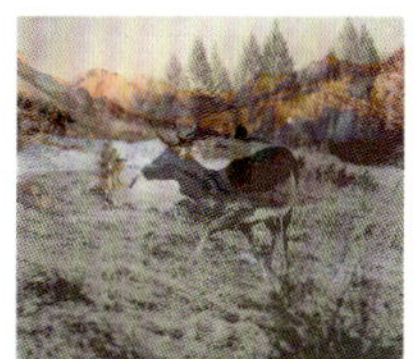

Nico Vascellari
Studi per / Studies for
Scholomance, 2017
Collage digitale di
una foto di mio nonno
materno e un dipinto
di mio nonno paterno,
dimensioni variabili /
Digital collage
combining a photo of my
maternal grandfather
and a painting by
my paternal grandfather,
dimensions variable
pp. 38-39

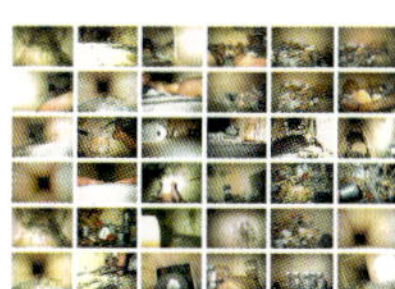

Nico Vascellari
Buio Primario, 2003
Stampa fotografica su
carta ai sali d'argento,
dimensioni variabili /
Gelatin silver print
on paper, dimensions
variable
pp. 42-43

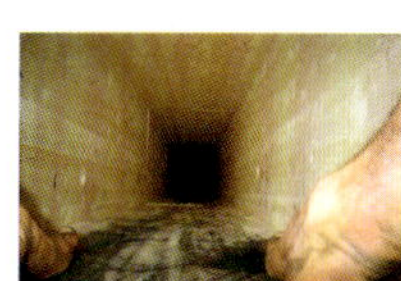

Nico Vascellari
Buio Primario, 2003
Stampa fotografica su
carta ai sali d'argento,
dimensioni variabili /
Gelatin silver print
on paper, dimensions
variable
pp. 44-45

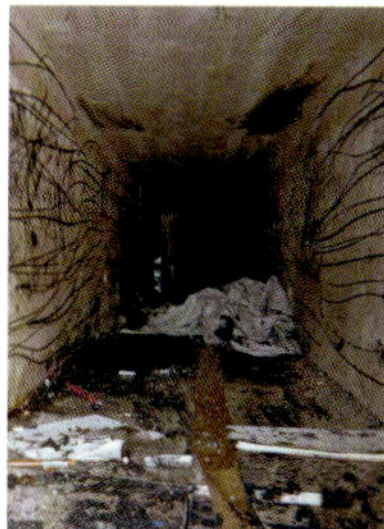

Nico Vascellari
Buio Primario, 2003
Stampa fotografica su
carta ai sali d'argento,
dimensioni variabili /
Gelatin silver print
on paper, dimensions
variable
p. 46

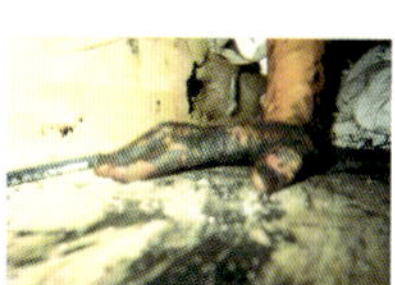

Nico Vascellari
Buio Primario, 2003
Stampa fotografica su
carta ai sali d'argento,
dimensioni variabili /
Gelatin silver print
on paper, dimensions
variable
p. 47

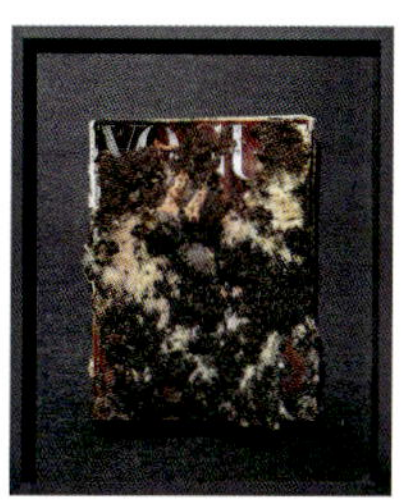

Nico Vascellari
Buried Magazines, 2003
Riviste, terra, olio, colla,
muffa / Magazines,
dirt, oil, glue, mold,
43 × 36 × 6 cm
photo Ela Bialkowska
OKNO Studio
p. 48

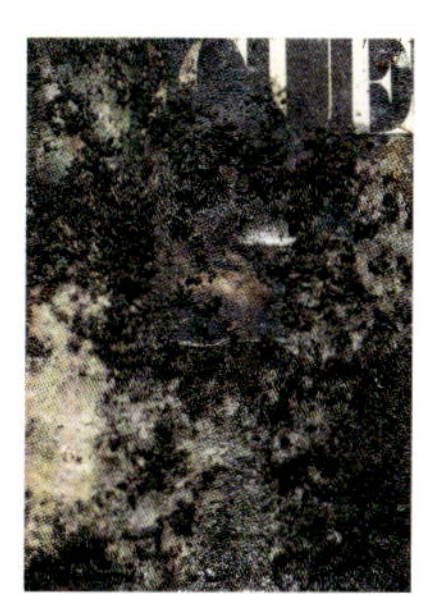

Nico Vascellari
Buried Magazines, 2003
Riviste, terra, olio, colla,
muffa / Magazines,
dirt, oil, glue, mold,
43 × 36 × 6 cm
photo Ela Bialkowska
OKNO Studio
p. 49

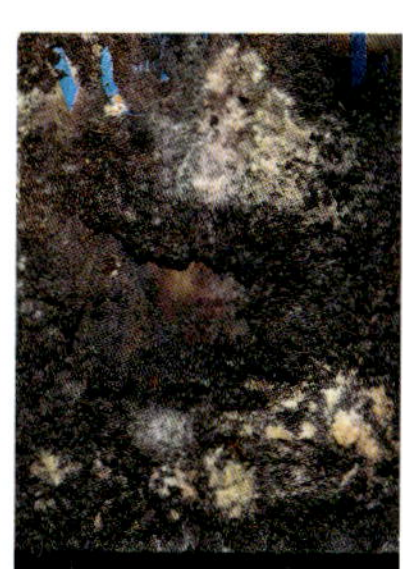

Nico Vascellari
Buried Magazines, 2003
Riviste, terra, olio, colla,
muffa / Magazines,
dirt, oil, glue, mold,
43 × 36 × 6 cm
photo Ela Bialkowska
OKNO Studio
p. 50

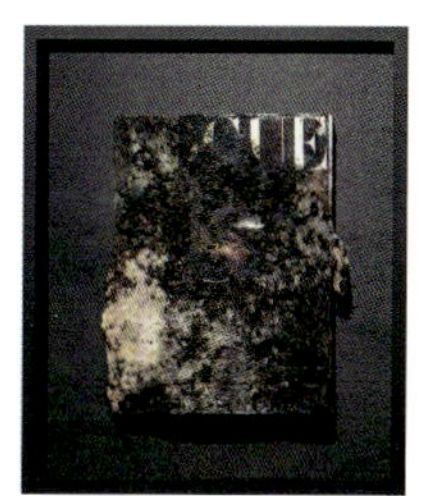

Nico Vascellari
Buried Magazines, 2003
Riviste, terra, olio, colla,
muffa / Magazines,
dirt, oil, glue, mold,
43 × 36 × 6 cm
photo Ela Bialkowska
OKNO Studio
p. 51

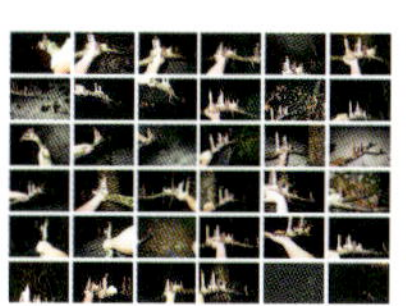

Nico Vascellari
*Dripping On The Feet Of
The Mountain*, 2007
Documentazione
della performance
su carta fotografica
ai sali d'argento,
dimensioni variabili /
Documentation of the
performance, gelatin
silver print, dimensions
variable
pp. 52-53

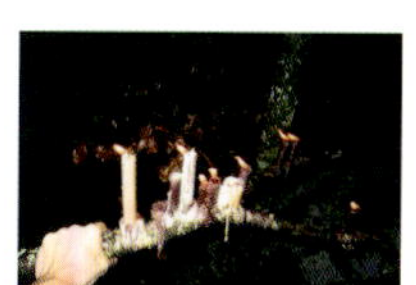

Nico Vascellari
*Dripping On The Feet Of
The Mountain*, 2007
Documentazione
della performance
su carta fotografica
ai sali d'argento,
dimensioni variabili /
Documentation of the
performance, gelatin
silver print, dimensions
variable
pp. 54-55

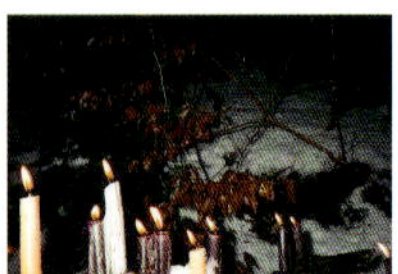

Nico Vascellari
Dripping On The Feet Of The Mountain, 2007
Documentazione della performance su carta fotografica ai sali d'argento, dimensioni variabili / Documentation of the performance, gelatin silver print, dimensions variable
pp. 56-57

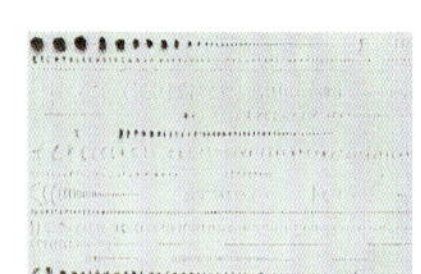

Nico Vascellari
Nido, 2021
Nido d'uccello scomposto, colla, legno, cornice d'artista in plexiglass / Deconstructed bird's nest, glue, wood, artist's Plexiglas frame, 295 × 185 × 10 cm
photo Thomas Lannes
pp. 58-59

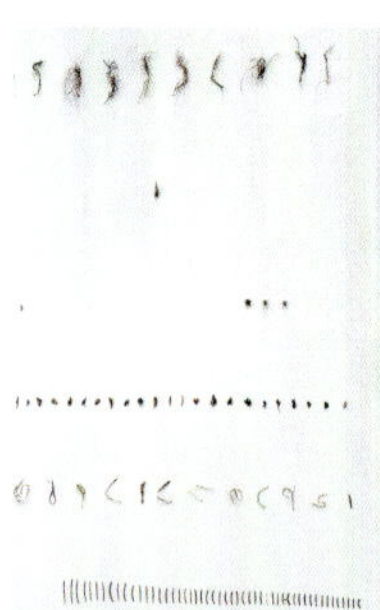

Nico Vascellari
Nido, 2021
Nido d'uccello scomposto, colla, legno, cornice d'artista in plexiglass / Deconstructed bird's nest, glue, wood, artist's Plexiglas frame, 295 × 185 × 10 cm
photo Thomas Lannes
p. 60

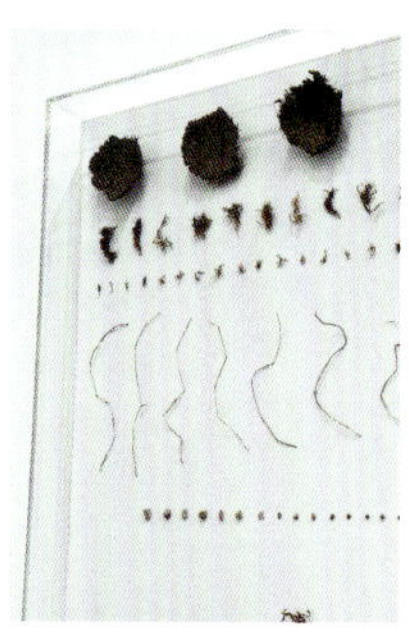

Nico Vascellari
Nido, 2021
Nido d'uccello scomposto, colla, legno, cornice d'artista in plexiglass / Deconstructed bird's nest, glue, wood, artist's Plexiglas frame, 295 × 185 × 10 cm
photo Thomas Lannes
p. 60

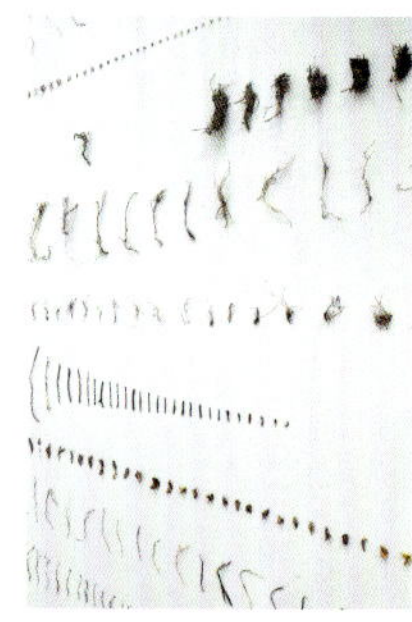

Nico Vascellari
Nido, 2021
Nido d'uccello scomposto, colla, legno, cornice d'artista in plexiglass / Deconstructed bird's nest, glue, wood, artist's Plexiglas frame, 295 × 185 × 10 cm
photo Thomas Lannes
p. 61

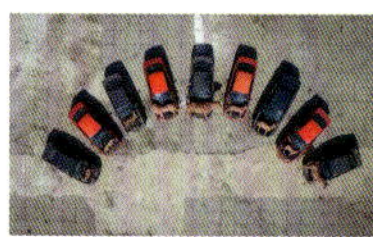

Nico Vascellari
Horse Power, 2019
Video Ultra HD, sonoro / Ultra HD video, sound, 37'36"
Still da video / Video stills
pp. 62-63

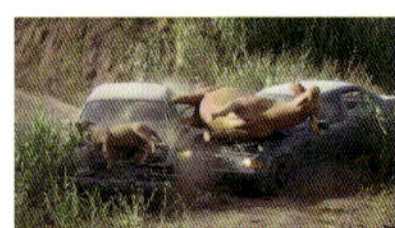

Nico Vascellari
Horse Power, 2019
Video Ultra HD, sonoro / Ultra HD video, sound, 37'36"
Still da video / Video stills
pp. 64-65

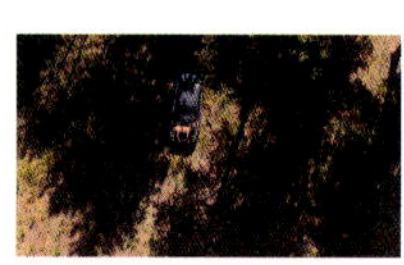

Nico Vascellari
Horse Power, 2019
Video Ultra HD, sonoro / Ultra HD video, sound, 37'36"
Still da video / Video stills
p. 66

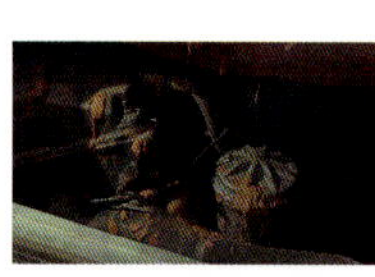

Nico Vascellari
Horse Power, 2019
Video Ultra HD, sonoro / Ultra HD video, sound, 37'36"
Still da video / Video stills
p. 67

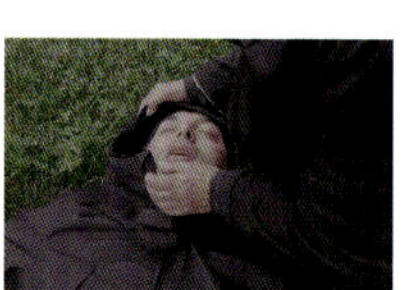

Nico Vascellari
VIT, 2020
Video Ultra HD, sonoro / Ultra HD video, sound, 12'37"
Still da video / Video stills
pp. 68-69

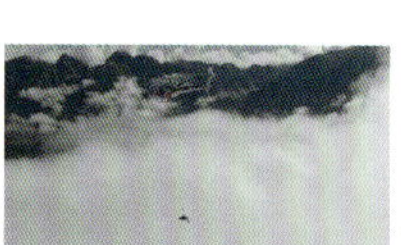

Nico Vascellari
VIT, 2020
Video Ultra HD, sonoro / Ultra HD video, sound, 12'37"
Still da video / Video stills
p. 70

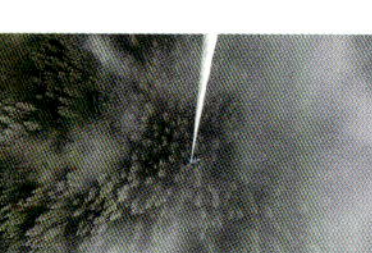

Nico Vascellari
VIT, 2020
Video Ultra HD, sonoro / Ultra HD video, sound, 12'37"
Still da video / Video stills
p. 71

Nico Vascellari
VIT, 2020
Video Ultra HD, sonoro /
Ultra HD video,
sound, 12'37"
Still da video / Video
stills
pp. 72-73

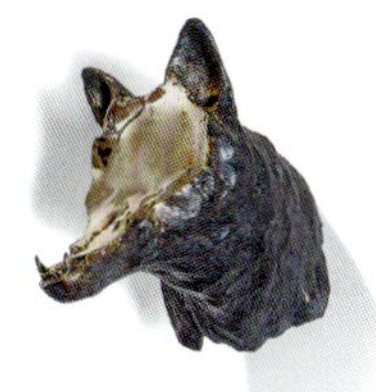

Nico Vascellari
Maelstrom Of Evil, 2023
Bronzo / Bronze,
30 × 21 × 42 cm
photo Ela Bialkowska
OKNO Studio
p. 74

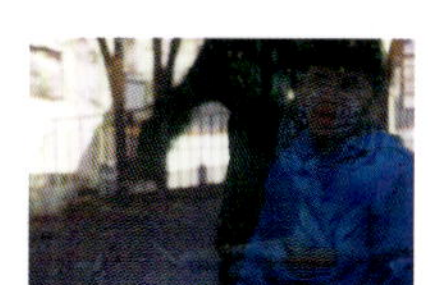

Nico Vascellari
Fossil Of Experience,
2023
Video Ultra HD, sonoro /
Ultra HD video,
sound, 15'30"
Still da video / Video
still
pp. 76-77

Nico Vascellari
Fossil Of Experience,
2023
Video Ultra HD, sonoro /
Ultra HD video,
sound, 15'30"
Still da video / Video
still
pp. 78-79

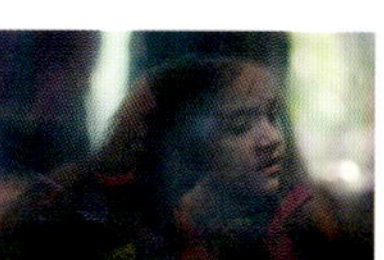

Nico Vascellari
Fossil Of Experience,
2023
Video Ultra HD, sonoro /
Ultra HD video,
sound, 15'30"
Still da video / Video
still
pp. 80-81

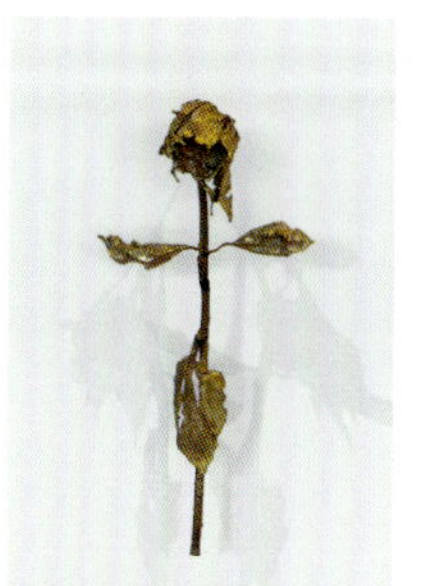

Nico Vascellari
Communion Of Forms,
2023
Ottone / Brass,
40 × 20 × 8 cm
photo Ela Bialkowska
OKNO Studio
p. 83

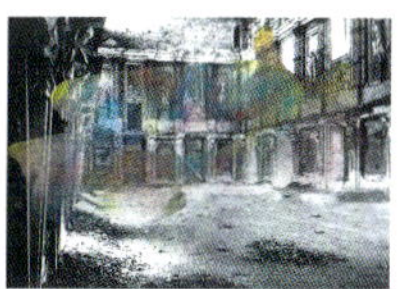

Nico Vascellari
Time And Dust (Studi
per / Studies for
Pastorale), 2025
Tecnica mista su
riproduzione xerografica /
Mixed media on
xerographic print
29,7 × 42 cm
pp. 98-99

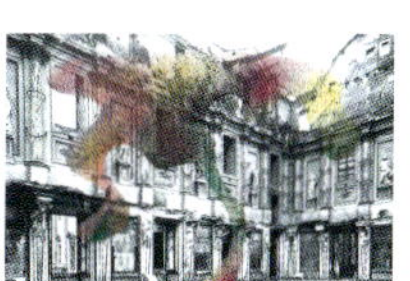

Nico Vascellari
Time And Dust (Studi
per / Studies for
Pastorale), 2025
Tecnica mista su
riproduzione xerografica /
Mixed media on
xerographic print
29,7 × 42 cm
pp. 100-101

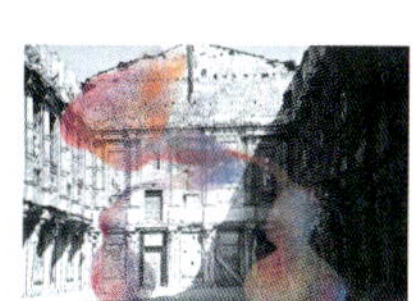

Nico Vascellari
Time And Dust (Studi
per / Studies for
Pastorale), 2025
Tecnica mista su
riproduzione xerografica /
Mixed media on
xerographic print
29,7 × 42 cm
pp. 102-103

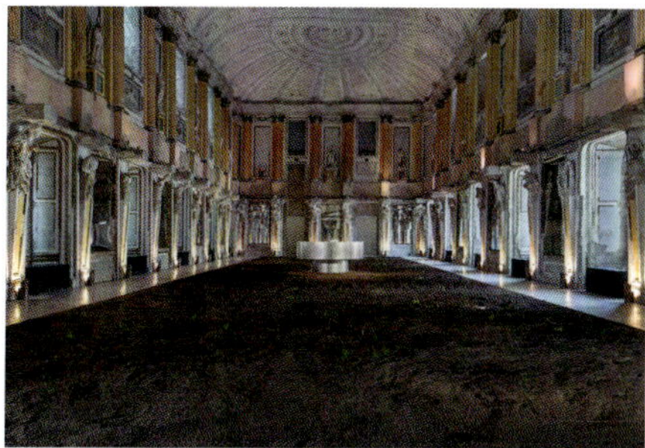

Nico Vascellari
Pastorale, 2025
Terra, acciaio inox, latex,
impianto a pressione,
compressori, sementi
di piante infestanti,
impianto di irrigazione /
Soil, stainless steel,
latex, pressure system,
compressors, weed
seeds, irrigation system

Base / Base
33 × 10,4 m
Scultura / Sculpture
130 × 270 × 270 cm
photo Gabriele D'Agostino
(pp. 125, 136-137)
photo Melania Dalle Grave –
DSL Studio
pp. 104-137

BIOGRAFIA

Nico Vascellari è nato nel 1976 a Vittorio Veneto.
Vive e lavora tra Roma e Vittorio Veneto.

ESPOSIZIONI SELEZIONATE

Personali

2025
Khao Yai Art Forest e Bangkok Kunsthalle, Bangkok
– *upcoming*
"Fioretti", Piazza della Signoria, Firenze – *upcoming*
"Pastorale", Palazzo Reale di Milano, Milano

2024
"Alessio", Haus der Kunst, Monaco di Baviera

2023
"Alessio", Salone dei Cinquecento,
Palazzo Vecchio, Firenze
"MELMA", Forte di Belvedere, Firenze, a cura di
Sergio Risaliti

2022
"Tre, Quattro Galline", Fondazione Pino Pascali,
Polignano a Mare
"Parade Of Bruises", Galleria Massimo De Carlo,
Pièce Unique, Parigi

2021
"Nico Vascellari. 01", Fondazione Nicola Del Roscio, Roma

2019
"1/2", The National Exemplar, New York
"Bisca Vascellari", La Manutention – Performers
in Residence, Palais de Tokyo, Parigi

2018
"Revenge", MAXXI, Roma, a cura di Bartolomeo
Pietromarchi
"Parede Gentil", A Gentil Carioca, Rio de Janeiro
"Bisca Vascellari", Basement Roma, Roma

2017
"Scholomance", Palais de Tokyo, Parigi, a cura di
Vittoria Matarrese e Pier Paolo Pancotto

2016
"Art Club #2", Accademia di Francia, Villa Medici, Roma,
a cura di Pier Paolo Pancotto
"Bus de la Lum", Whitworth Art Gallery, Manchester,
a cura di Helen Stalker
"Nico Vascellari. Intervention", Estorick Collection, Londra

2015
"Codalunga", Monitor Gallery, Rome
"Tirana Open 1", National Art Gallery, Tirana

2014
"Nico Vascellari", Officina, Bruxelles, a cura di
Pier Paolo Pancotto

2012
"Nico Vascellari", Bugada&Cargnel, Parigi
"Codalunga 11/12", Codalunga, Vittorio Veneto

2011
"Bus de la Lum", Galleria Monitor, Roma
"Lago Morto", Fondazione Pierluigi e Natalina Remotti,
Camogli, a cura di Francesca Pasini
"I Hear A Shadow", Bugada&Cargnel, Parigi

2010
"Forêt Sans Titre", Centre International d'Art
et du Paysage, Île de Vassivière, a cura di
Marcello Smarrelli
"Untitled", Museion, Bolzano
"Blonde", MACRO, Roma, a cura di Costanza Paissan
"Soltanto un quadro al massimo", Villa Massimo, Roma,
a cura di Joachim Blüher e Ludovico Pratesi

2009
"Dripping at the Feet Of the Mountain",
Galleria Monitor, Roma
"Nico Vascellari", Crisp Gallery, Los Angeles
"Nico Vascellari", Crisp Gallery, Londra

2007
"Untitled", MAN, Nuoro, a cura di Maria Rosa Sossai
Premio New York, Italian Academy at Columbia University,
New York
"Untitled", Gallery Arratia Beer, Berlino

2006
"Cuckoo", Viafarini, Milano, a cura di Milovan Farronato
"Death Blood War", Škuc, Lubiana, a cura di
Alenka Gregorič
"Io ballo da solo", Galleria Monitor, Roma

2005
"A Great Circle #5", Spazio Lima, Milano, a cura di
Andrea Lissoni

2003
"Glitter Secondario", Tent, Rotterdam, a cura di
Arno van Roosmalen

BIOGRAPHY

Nico Vascellari was born in 1976 in Vittorio Veneto, Italy.
He lives and works between Rome and Vittorio Veneto.

SELECTED EXHIBITIONS

Solo exhibitions

2025

Khao Yai Art Forest and Bangkok Kunsthalle, Bangkok
– *upcoming*
Fioretti, Piazza della Signoria, Florence – *upcoming*
Pastorale, Palazzo Reale di Milano, Milan

2024

Alessio, Haus der Kunst, Munich

2023

Alessio, Salone dei Cinquecento, Palazzo Vecchio,
Florence
MELMA, Forte di Belvedere, Florence, curated by
Sergio Risaliti

2022

Tre, Quattro Galline, Fondazione Pino Pascali, Polignano
a Mare
Parade Of Bruises, Massimo De Carlo Gallery,
Pièce Unique, Paris

2021

Nico Vascellari. 01, Fondazione Nicola Del Roscio, Rome

2019

1/2, The National Exemplar, New York
Bisca Vascellari, La Manutention – Performers
in Residence, Palais de Tokyo, Parigi

2018

Revenge, MAXXI, Rome, curated by Bartolomeo Pietromarchi
Parede Gentil, A Gentil Carioca, Rio de Janeiro
Bisca Vascellari, Basement Roma, Rome

2017

Scholomance, Palais de Tokyo, Paris, curated by
Vittoria Matarrese and Pier Paolo Pancotto

2016

Art Club #2, Accademia di Francia, Villa Medici, Rome,
curated by Pier Paolo Pancotto
Bus de la Lum, Whitworth Art Gallery, Manchester,
curated by Helen Stalker
Nico Vascellari: Intervention, Estorick Collection, London

2015

Codalunga, Monitor Gallery, Rome
Tirana Open 1, National Art Gallery, Tirana

2014

Nico Vascellari, Officina, Brussels, curated by
Pier Paolo Pancotto

2012

Nico Vascellari, Bugada & Cargnel, Paris
Codalunga 11/12, Codalunga, Vittorio Veneto

2011

Bus de la Lum, Monitor Gallery, Rome
Lago Morto, Fondazione Pierluigi e Natalina Remotti,
Camogli, curated by Francesca Pasini
I Hear A Shadow, Bugada & Cargnel, Paris

2010

Forêt Sans Titre, Centre International d'Art
et Du Paysage, Île de Vassivière, Vassivière, curated by
Marcello Smarrelli
Untitled, Museion, Bolzano
Blonde, MACRO, Rome, curated by Costanza Paissan
Soltanto un quadro al massimo, Villa Massimo, Rome,
curated by Joachim Blüher and Ludovico Pratesi

2009

Dripping at the Feet Of the Mountain, Monitor Gallery,
Rome
Nico Vascellari, Crisp Gallery, Los Angeles
Nico Vascellari, Crisp Gallery, London

2007

Untitled, MAN Museum, Nuoro, curated by
Maria Rosa Sossai
Premio New York, Italian Academy at Columbia University,
New York
Untitled, Gallery Arratia Beer, Berlin

2006

Cuckoo, Viafarini, Milan, curated by Milovan Farronato
Death Blood War, Škuc, Ljubljana, curated by
Alenka Gregorič
Io ballo da solo, Monitor Gallery, Rome

2005

A Great Circle #5, Spazio Lima, Milan, curated by
Andrea Lissoni

2003

Glitter Secondario, Tent, Rotterdam, curated by
Arno van Roosmalen

Collettive

2025
"Poetics of Encryption", Galerie Rudolfinum, Praga, a cura di
Nadim Samman

2024
"TERRENO: Tracce del disponibile quotidiano", MAXXI
L'Aquila, L'Aquila, a cura di Lisa Andreani
"Poetics of Encryption", Kunsthal Charlottenborg,
Copenaghen, a cura di Nadim Samman
"Artists Making Books: Pages of Refuge", American
Academy in Rome, Roma, a cura di Ilaria Puri Purini
"Mirabilia et Antiquaria. Opere per una collezione", Istituto
autonomo Villa Adriana e Villa d'Este, Tivoli, a cura di
Andrea Bruciati
"ITALIA 70 – I NUOVI MOSTRI", Fondazione Nicola Trussardi,
Milano, a cura di Massimiliano Gioni
"Archetipi", Accademia Nazionale di San Luca, Roma,
a cura di Bartolomeo Pietromarchi
"The Uncanny House", Museo Casa di Goethe, Roma,
a cura di Ilaria Marotta e Andrea Baccin
"Foreign Flowers", India Mahdavi Project Room #12, Parigi,
a cura di Dan Thawley
"Poetics of Encryption", KW Institute for Contemporary Art,
Berlino, a cura di Nadim Samman

2023
"Cosmos: The Volcano Lover", Villa Olmo, Fondazione Bts
Como Arte, Como, a cura di Sonia D'Alto
"Libertà di avere tre idee contrastanti", 74° Premio Michetti,
Francavilla al Mare, a cura di Costantino D'Orazio
"Rara Avis", White Cube Paris, Parigi, a cura di
Jerry Stafford

2022
"Es-senze", Palazzo Mocenigo, Venezia, a cura di
Pier Paolo Pancotto
13ª Bienal do Mercosul, Porto Alegre
Villae Film Festival, Istituto Villa Adriana
e Villa d'Este, Tivoli

2021
"Humble Works", Colnaghi Gallery, Londra
"The Dreamers", 58° October Salon, Belgrado Biennale,
The Cultural Centre of Belgrade, Belgrado

2020
"Back to Nature", Villa Borghese, Roma
"Word by Word", Aaran Gallery, Teheran, a cura di
Akram Ahmadi Tavana
"Case Chiuse #8", Case Chiuse HQ, Milano, a cura di
Paola Clerico

2019
"Là où les eaux se mêlent", 15ᵉ Biennale de Lyon, Lione,
a cura di, tra gli altri, Vittoria Matarrese
"Our Selfie", MO Museum, Vilnius, a cura di
Francesca Ferrarini
"Some People", Museo Ettore Fico, Torino

2018
"Writing the Mountains", Biennale Gherdëina VI, Ortisei,
a cura di Adam Budak
Kunstenfestivaldesarts, Centre Pompidou, Gand
"Maybe I hadn't been paying attention", NTU Centre for
Contemporary Art, Singapore
"Soltanto 4 al massimo", Villa Massimo, Roma,
a cura di Joachim Blüher

2017
Live Arts Week VI, varie sedi, Bologna, a cura di Xing
"I sette messaggeri", Marsèlleria, Milano
"CABRIO", Galerie Emanuel Layr, Roma

2016
"Untitled", Villa Medici, Roma, a cura di Pier Paolo Pancotto
"Par tibi, Roma, nihil", Colle del Palatino, Roma, a cura di
Raffaella Frascarelli

2015
"Un Museo Ideale", Museo del Novecento, Milano
"Signori prego si accomodino", Casa Scatturin, Venezia,
a cura di Pier Paolo Pancotto e Geraldine Blais Zodo
"Collezionare per un domani", Museion, Bolzano

2014
"The Artist is an Explorer", Fondation Beyeler, Basilea,
a cura di Marina Abramović
"High Performance", Die Julia Stoschek Collection zu Gast
im ZKM, ZKM, Karlsruhe
"High Performance", Riga Art Space, Riga
"We Have Never Been Modern", SongEun Art Space, Seul,
a cura di Angelo Gioè e Maria Rosa Sossai
"La Pelle", MAXXX – Project Space, Sierre

2013
Premio Moroso per l'Arte Contemporanea, Fondazione
Bevilacqua La Masa, Venezia
"Throw a Rock and See What Happens", La Casa Encendida,
Madrid
"Bestiario Contemporaneo. Fra arte e scienza, artisti italiani
dalla collezione ACACIA",
Museo di Storia Naturale, Venezia

2012
"Embassy Goes Contemporary. Arte giovane dalla Collezione
Museion all'Ambasciata d'Italia a Berlino", Ambasciata
d'Italia, Berlino
"Retour à l'intime, La collection Giuliana et Tommaso Setari",
La maison rouge, Parigi
"A Revolution Has To be Made Little By Little", Galeria Raquel
Arnaud, San Paolo del Brasile, a cura di Jacopo Crivelli Visconti
"Collages", Espace de l'Art Concret – Centre d'Art
Contemporain, Mouans-Sartoux
"Family Talk", Futura, Praga
"Prospettive Italiane", Palazzo Borghese, Roma,
a cura di Ludovico Pratesi
"Gli artisti italiani della Collezione ACACIA", Palazzo Reale,
Milano

Group exhibitions

2025

Poetics of Encryption, Galerie Rudolfinum, Prague,
curated by Nadim Samman

2024

TERRENO: Traces of the Accessible Everyday, MAXXI L'Aquila,
L'Aquila, curated by Lisa Andreani

Poetics of Encryption, Kunsthal Charlottenborg, Copenhagen,
curated by Nadim Samman

Artists Making Books: Pages of Refuge, American Academy
in Rome, Rome, curated by Ilaria Puri Purini

Mirabilia et Antiquaria: opere per una collezione,
Villa Adriana and Villa d'Este Institute, Tivoli, curated by
Andrea Bruciati

ITALIA 70 – I NUOVI MOSTRI, Fondazione Nicola Trussardi,
Milan, curated by Massimiliano Gioni

Archetipi, Accademia Nazionale di San Luca, Rome,
curated by Bartolomeo Pietromarchi

The Uncanny House, Casa di Goethe museum, Rome,
curated by Andrea Baccin and Ilaria Marotta

Foreign Flowers, India Mahdavi Project Room #12, Paris,
curated by Dan Thawley

Poetics of Encryption, KW Institute for Contemporary Art,
Berlin, curated by Nadim Samman

2023

Cosmos: The Volcano Lover, Villa Olmo, Fondazione Bts Como
Arte, Como, curated by Sonia D'Alto

Libertà di avere tre idee contrastanti, 74th Premio Michetti,
Francavilla al Mare, curated by Costantino D'Orazio

Rara Avis, White Cube Paris, curated by Jerry Stafford

2022

Es-senze, Palazzo Mocenigo, Venice, curated by
Pier Paolo Pancotto

13th Mercosul Biennial, Porto Alegre

Villae Film Festival, Villa Adriana e Villa d'Este Institute, Tivoli

2021

Humble Works, Colnaghi Gallery, London

The Dreamers, 58th October Salon, Belgrade Biennale,
The Cultural Centre of Belgrade, Belgrade

2020

Back to Nature, Villa Borghese, Rome

Word by Word, Aaran Gallery, Tehran, curated by Akram
Ahmadi Tavana

Case Chiuse #8, Case Chiuse HQ, Milan, curated by
Paola Clerico

2019

Where Water Comes Together With Other Water, 15th Lyon
Biennale of Contemporary Art, Lyon, curated by, among
others, Vittoria Matarrese

Our Selfie, MO Museum, Vilnius, curated by
Francesca Ferrarini

Some People, Ettore Fico Museum, Turin

2018

Writing the Mountains, Biennale Gherdëina VI, Ortisei,
curated by Adam Budak

Kunstenfestivaldesarts, Centre Pompidou, Ghent

Maybe I hadn't been paying attention, NTU Centre for
Contemporary Art, Singapore

Soltanto 4 al massimo, Villa Massimo, Rome, curated by
Joachim Blüher

2017

Live Arts Week VI, various locations, Bologna, curated by Xing

I sette messaggeri, Marsèlleria, Milan

CABRIO, Galerie Emanuel Layr, Rome

2016

Untitled, Villa Medici, Rome, curated by Andrea Bellini

Par tibi, Roma, nihil, Palatino Hill, Rome, curated by
Raffaella Frascarelli

2015

Un Museo Ideale, Museo del Novecento, Milan

Signori prego si accomodino, Casa Scatturin, Venice,
curated by Pier Paolo Pancotto and Geraldine Blais Zodo

Collezionare per un domani, Museion, Bolzano

2014

The Artist is an Explorer, Fondation Beyeler, Basel,
curated by Marina Abramović

*High Performance, Die Julia Stoschek Collection zu Gast
im ZKM*, ZKM, Karlsruhe

High Performance, Riga Art Space, Riga

We Have Never Been Modern, SongEun Art Space, Seoul,
curated by Angelo Gioè and Maria Rosa Sossai

La Pelle, MAXXX – Project Space, Sierre

2013

Moroso Award for Contemporary Art, Fondazione Bevilacqua
La Masa, Venice

Throw a Rock and See What Happens, La Casa Encendida,
Madrid

*Bestiario Contemporaneo: Fra arte e scienza, artisti italiani
della collezione ACACIA*, Museo di Storia Naturale, Venice

2012

*Embassy Goes Contemporary: Young Italian Art from the
Museion Collection at the Italian Embassy in Berlin*, Italian
Embassy, Berlin

Retour à l'intime: La collection Giuliana et Tommaso Setari,
La maison rouge, Paris

A Revolution Has To be Made Little By Little, Galeria Raquel
Arnaud, São Paulo, curated by Jacopo Crivelli Visconti

Collages, Espace de l'Art Concret – Centre d'Art
Contemporain, Mouans-Sartoux

Family Talk, Futura, Prague

Prospettive Italiane, Palazzo Borghese, Rome, curated by
Ludovico Pratesi

Gli artisti italiani della Collezione ACACIA, Palazzo Reale, Milan

Underneath the Street, the Beach, Fondazione Sandretto
Re Rebaudengo, Turin

"Underneath the Street, the Beach", Fondazione Sandretto
Re Rebaudengo, Torino
"These Peanuts are Bullets", Family Business, New York
"Forte Piano: l'arte invisibile", Auditorium Parco della
Musica, Roma, a cura di Achille Bonito Oliva
"I Should Learn to Look at an Empty Sky and Feel Its Total
Dark Sublime", Bugada&Cargnel, Parigi

2011

"MoDiMiDoFrSaSo", VeneKlasen/Werner, Berlino, a cura di
Birte Kleemann
"Regress/Progress", CSW Centrum Sztuki Wspolczesnej,
Varsavia
"When the Impossible Happens", Museo MA*GA, Gallarate
"Future Generation Art Prize @Venice", Palazzo Papadopoli,
Venezia, a cura di Björn Geldof
"Parking de sculptures", Le Confort Moderne, Poitiers
"Fruits, Flowers, and Clouds", MAK, Vienna
"Terre Vulnerabili", Hangar Bicocca, Milano, a cura di
Chiara Bertola e Andrea Lissoni
"Individual and Social Identity", Crane Arts Centre, Filadelfia
"Cult of the Ruin: Strategies of Accumulation", UAG,
Los Angeles
"Accademia Stanze Persone", American Academy in Rome,
Roma, a cura di Luca Massimo Barbero

2010

Future Generation Art Prize, PinchukArtCentre, Kiev
"Cosa fa la mia anima mentre sto lavorando?",
Museo MA*GA, Gallarate, a cura di Francesca Pasini
e Angela Vettese
"La scultura italiana del XXI secolo", Fondazione Arnaldo
Pomodoro, Milano, a cura di Marco Meneguzzo
"SI – Sindrome Italiana", Le Magasin CNAC, Grenoble,
a cura di Yves Aupetitallot
"Il museo privato", GAMeC, Bergamo
"Be Glad for the Song Has No End", Wysing Arts Centre,
Cambridge
Padiglione Italia, 12ª Biennale di Architettura, Venezia,
a cura di Luca Molinari
"5x5", EACC, Castellón de la Plana
"No Soul for Sale – A Festival of Independents", Tate Modern,
Londra
"Hide & Seek", Arratia Beer Gallery, Berlino
"L'Amore ci dividerà", Musei Civici, Reggio Emilia, a cura di
Italo Rota
"Linguaggi e Sperimentazioni", MART, Rovereto, a cura di
Giorgio Verzotti
"Arrivi e Partenze Europa", Mole Vanvitelliana, Ancona,
a cura di Andrea Bruciati

2009

"Number Three: Here and Now", Julia Stoschek Foundation,
Düsseldorf
"Accecare l'ascolto", Artissima, Torino, a cura di
Andrea Bellini
"Nocturnes", Museion, Bolzano, a cura di Eva Fabbris

"Marcus Coates, Lane Cormick, Nico Vascellari", Neon Parc,
Melbourne
"No Soul for Sale", X Initiative, New York
"Marina Abramović Presents…", Manchester International
Festival, Whitworth Art Gallery, Manchester, a cura di
Marina Abramović e Hans Ulrich Obrist
"Rock – Paper – Scissors: Pop Music as Subject of Visual
Art", Kunsthaus Graz, Landesmuseum Joanneum, Graz,
a cura di Diedrich Diederichsen
"Non voltarti adesso / Don't Look Now", Ca' Pesaro, Venezia,
a cura di Milovan Farronato
"Emerging Talents", Centro di Cultura Contemporanea Strozzina
– Fondazione Palazzo Strozzi, Firenze

2008

"My Space", PAN, Napoli, a cura di Laura Barreca
e Julia Draganović
"Neon", Nomas Foundation, Roma, a cura di Achille
Bonito Oliva
"Crossing", Museo Pecci, Prato, a cura di Raffaele Gavarro
"All Cut Up", Roebling Hall Gallery, New York
"Soft Cell. Dinamiche nello spazio in Italia", GC.AC.,
Monfalcone
"Manifesta 7", Rovereto, a cura di Adam Budak
"Leftovers Works from Mariano Pichler Collection", Mica
Moca, Berlino, a cura di Luca Cerizza e Jennifer Chert
15ª Quadriennale d'arte di Roma, Palazzo delle
Esposizioni, Roma
"Daydream Fields", Fondazione Claudio Buziol, Venezia,
a cura di Andrea Lissoni
"Focus on Contemporary Italian Art", MAMbo, Bologna

2007

52ª Biennale di Venezia, Venezia, a cura di Paolo Colombo
"As It Screams Just Please Love Me", FormContent, Londra
"Il Velo", CeSAC, Caraglio, a cura di Andrea Busto
"Ballads From Our Invisible Parks", La Rada, Locarno,
a cura di Andrea Lissoni
"DB Collection Italy", Deutsche Bank, Milano
"Apocalittici e integrati", MAXXI, Roma, a cura di
Paolo Colombo
"On Mobility, Premio Furla per l'Arte", Villa delle Rose,
Bologna

2006

"L'immagine Sottile", GC.AC., Monfalcone, a cura di
Andrea Bruciati
"Beautiful Nature", Galleria Comunale d'Arte Contemporanea,
Castel San Pietro Terme, a cura di Synapser
"Dead of Winter", HVCCA, Peekskill, New York, a cura di
Daniel Fuller
Netmage, Palazzo Re Enzo, Bologna, a cura di Xing

2005

"Modern Times", MAN, Nuoro, a cura di Maria Rosa Sossai
"Quotidiana", Museo Civico al Santo, Padova, a cura di Guido
Bartorelli, Stefania Schiavon e Virginia Baradel
"Padiglione Italia Out of Biennale", Flash Art Museum, Trevi

These Peanuts are Bullets, Family Business, New York
Forte Piano: L'arte invisibile, Auditorium Parco della Musica, Rome, curated by Achille Bonito Oliva
I Should Learn to Look at an Empty Sky and Feel Its Total Dark Sublime, Bugada & Cargnel, Paris

2011

MoDiMiDoFrSaSo, Veneklasen / Werner, Berlin, curated by Birte Kleemann
Regress / Progress, CSW Centrum Sztuki Wspolczesnej, Warsaw
When the Impossible Happens, MA*GA Museum, Gallarate
Future Generation Art Prize @Venice, Palazzo Papadopoli, Venice, curated by Björn Geldof
Parking de sculptures, Le Confort Moderne, Poitiers
Fruits, Flowers, and Clouds, MAK, Vienna
Terre Vulnerabili, Hangar Bicocca, Milan, curated by Chiara Bertola and Andrea Lissoni
Individual and Social Identity, Crane Arts Centre, Philadelphia
Cult of the Ruin: Strategies of Accumulation, UAG, Los Angeles
Accademia Stanze Persone, American Academy in Rome, curated by Luca Massimo Barbero

2010

Future Generation Art Prize, PinchukArtCentre, Kiev
Cosa fa la mia anima mentre sto lavorando?, MA*GA Museum, Gallarate, curated by Francesca Pasini and Angela Vettese
La scultura italiana del XXI secolo, Fondazione Arnaldo Pomodoro, Milan, curated by Marco Meneguzzo
Yes, Italian Syndrome, Le Magasin CNAC, Grenoble, curated by Yves Aupetitallot
Il museo privato, GAMeC, Bergamo
Be Glad for the Song Has No End, Wysing Arts Centre, Cambridge
Italian Pavilion, 12th Architecture Biennale, Venice, curated by Luca Molinari
5x5, EACC, Castellón de la Plana
No Soul for Sale – A Festival of Independents, Tate Modern, London
Hide & Seek, Arratia Beer Gallery, Berlin
L'Amore ci dividerà, Musei Civici, Reggio Emilia, curated by Italo Rota
Languages and Experimentations, MART, Rovereto, curated by Giorgio Verzotti
Arrivals and Departures Europe, Mole Vanvitelliana, Ancona, curated by Andrea Bruciati

2009

Number Three: Here and Now, Julia Stoschek Foundation, Düsseldorf
Blinding the ears, Artissima, Turin, curated by Andrea Bellini
Nocturnes, Museion, Bolzano, curated by Eva Fabbris
Marcus Coates, Lane Cormick, Nico Vascellari, Neon Parc, Melbourne
No Soul for Sale, X Initiative, New York

Marina Abramović Presents..., Manchester International Festival, Whitworth Art Gallery, Manchester, curated by Marina Abramović and Hans Ulrich Obrist
Rock – Paper – Scissors: Pop Music as Subject of Visual Art, Kunsthaus Graz, Landesmuseum Joanneum, Graz, curated by Diedrich Diederichsen
Don't Look Now, Ca' Pesaro, Venice, curated by Milovan Farronato
Emerging Talents, Centro di Cultura Contemporanea Strozzina – Fondazione Palazzo Strozzi, Florence

2008

My Space, PAN, Naples, curated by Laura Barreca and Julia Draganović
Neon, Nomas Foundation, Rome, curated by Achille Bonito Oliva
Crossing, Museo Pecci, Prato, curated by Raffaele Gavarro
All Cut Up, Roebling Hall Gallery, New York
Soft Cell: Dinamiche nello spazio in Italia, GC.AC., Monfalcone
Manifesta 7, Rovereto, curated by Adam Budak
Leftovers Works from Mariano Pichler Collection, Mica Moca, Berlin, curated by Luca Cerizza and Jennifer Chert
15th Rome Quadriennale, Palazzo delle Esposizioni, Rome
Daydream Fields, Fondazione Claudio Buziol, Venice, curated by Andrea Lissoni
Focus on Contemporary Italian Art, MAMbo, Bologna

2007

52nd Venice Biennale, Venice, curated by Paolo Colombo
As It Screams Just Please Love Me, FormContent, London
Il Velo, CeSAC, Caraglio, curated by Andrea Busto
Ballads From Our Invisible Parks, La Rada, Locarno, curated by Andrea Lissoni
DB Collection Italy, Deutsche Bank, Milan
Apocalittici e integrati, MAXXI, Rome, curated by Paolo Colombo
On Mobility, Premio Furla Per l'Arte, Villa delle Rose, Bologna

2006

L'Immagine Sottile, GC.AC., Monfalcone, curated by Andrea Bruciati
Beautiful Nature, Galleria Comunale d'Arte Contemporanea, Castel San Pietro Terme, curated by Synapser
Dead of Winter, HVCCA, Peekskill, New York, curated by Daniel Fuller
Netmage, Palazzo Re Enzo, Bologna, curated by Xing

2005

Modern Times, MAN, Nuoro, curated by Maria Rosa Sossai
Quotidiana, Museo Civico al Santo, Padua, curated by Guido Bartorelli, Stefania Schiavon, and Virginia Baradel
Padiglione Italia Out of Biennale, Flash Art Museum, Trevi
Ad'A, Rocca Sforzesca, Imola, curated by Roberto Daolio
Deficit!, 5th International Festival of Contemporary Performance, Raum, Bologna
Bologna Contemporanea, GAM, Bologna, curated by Peter Weiermair

"Ad'A", Rocca Sforzesca, Imola, a cura di Roberto Daolio
"Deficit!", 5º Festival Internazionale sullo Spettacolo
Contemporaneo, Raum, Bologna
"Bologna Contemporanea", GAM, Bologna, a cura di
Peter Weiermair
"Tracce di un Seminario", Viafarini/Careof, Milano, a cura di
Giacinto Di Pietrantonio e Roberto Pinto

2004
"Saluti da Pelago", Fondazione Lanfranco Baldi, Pelago,
a cura di Pier Luigi Tazzi
"Surely We Will Be Confused", 10º Corso superiore di Arte
visiva della Fondazione Antonio Ratti, Ex-Ticosa, Como
"On air: video in onda dall'Italia", GC.AC., Monfalcone,
a cura di Andrea Bruciati e Antonella Crippa

2003
"Imago", GC.AC., Monfalcone, a cura di Andrea Bruciati
"Trans Hábitos", Maus Hábitos, Porto, a cura di Morgen

2002
"Bold", Centro Culturale Candiani, Mestre, a cura di
Giorgio Camuffo
"Rotte metropolitane", Palazzo Vivarelli Colonna, Firenze
"Movement to Performance", Kunsthal, Vaasa, a cura di
Platform
"Heavy Petting", De Ooievaar Gallery, L'Aja, a cura di
W. Murray

BIBLIOGRAFIA SELEZIONATA

2024
Nico Vascellari, *Melma*, Silvana Editoriale, Cinisello Balsamo
Nico Vascellari, *Fossils Of Experience*, Skira, Milano

2023
"VS #0.5 (Oltre)", magazine dello Studio Vascellari
"VS #0.0 (The Party Organ of Nico Vascellari Studio)",
magazine dello Studio Vascellari

2022
Nico Vascellari, XXIV Edizione Premio Pino Pascali 2022,
Sfera Edizioni

2018
Codalunga 2005/2018, Nero Editions, Roma
Revenge, Manfredi Edizioni per Museo MAXXI, Roma

2017
"Sn50", # 1, Gang of Ducks Collective, Torino

2011
Blonde, Nero Editions, Roma

2010
NC Nico Vascellari, Mousse Publishing, Milano

2007
"Cujo Taxonomy", n. 1, Zero Edizioni, Milano
Revenge, in *Apocalittici e Integrati*, Electa, Milano

Tracce di un Seminario, Viafarini / Careof, Milan, curated by Giacinto Di Pietrantonio and Roberto Pinto

2004
Saluti da Pelago, Fondazione Lanfranco Baldi, Pelago, curated by Pier Luigi Tazzi
Surely We Will Be Confused, 10th Advanced Course in Visual Arts at the Fondazione Antonio Ratti, Ex-Ticosa, Como
On air: video in onda dall'Italia, GC.AC., Monfalcone, curated by Andrea Bruciati and Antonella Crippa

2003
Imago, GC.AC., Monfalcone, curated by Andrea Bruciati
Trans Hábitos, Maus Hábitos, Porto, curated by Morgen

2002
Bold, Centro Culturale Candiani, Mestre, curated by Giorgio Camuffo
Rotte metropolitane, Palazzo Vivarelli Colonna, Florence
Movement to Performance, Kunsthal, Vaasa, curated by Platform
Heavy Petting, De Ooievaar Gallery, The Hague, curated by W. Murray

SELECTED BIBLIOGRAPHY

2024
Nico Vascellari, *Melma*, Silvana Editoriale, Cinisello Balsamo
Nico Vascellari, *Fossils Of Experience*, Skira, Milan

2023
VS #0.5 (Oltre), Vascellari Studio Magazine
VS #0.0 (The Party Organ of Nico Vascellari Studio), Vascellari Studio Magazine

2022
Nico Vascellari, XXIV Edizione Premio Pino Pascali 2022, Sfera Edizioni

2018
Codalunga 2005/2018, Nero Editions, Rome
Revenge, Manfredi Edizioni for Museo MAXXI, Rome

2017
Sn50, #1, Gang of Ducks Collective, Turin

2011
Blonde, Nero Editions, Rome

2010
NC Nico Vascellari, Mousse Publishing, Milan

2007
Cujo Taxonomy, 1, Zero Edizioni, Milan
"Revenge," in *Apocalittici e Integrati*, Electa, Milan

Art Director
Luigi Fiore

Design
Giga

Coordinamento editoriale
Editorial Coordination
Maria Vittoria Di Sabatino,
Studio Nico Vascellari
Vincenza Russo, Skira editore

Redazione / Copy Editor
Giovanna Rocchi
Audrey Walen

Impaginazione / Layout
Evelina Laviano

Traduzioni / Translations
Maria Vittoria Di Sabatino,
Studio Nico Vascellari

First published in Italy in April 2025 by
Skira editore spa
via Agnello, 18
20121 Milano
Italy
skira-arte.com

This book has been printed by
Galli Thierry stampa

ISBN: 978-88-572-5391-6

Distributed in USA, Canada, Central
& South America by ARTBOOK |
D.A.P., 75 Broad Street, Suite 630,
New York, NY 10004, USA.
Distributed elsewhere in the world
by Thames and Hudson Ltd.,
181A High Holborn, London WC1V 7QX,
United Kingdom